Cycle 2

Julien Garbarg Chenon
Hervé Thibon

Escape game bimédia

pour apprendre à raisonner, chercher, créer

Lea.fr Nathan

Un dispositif testé en classe

Le concept bimédia a été testé dans 20 classes

Inscrits sur le portail Lea.fr, les enseignants ont téléchargé trois histoires créées et développées par Dipongo (« La jungle merveilleuse », « Les abysses mystérieux » et « La bulle enchantée »). Ils ont ensuite mis en œuvre les pistes d'exploitation pédagogique proposées par Hervé Thibon en Arts plastiques et Histoire des arts. L'objectif était de tester l'intérêt pédagogique de l'application Dipongo pour une classe, à des activités hebdomadaires, depuis la prise en main de l'application, la découverte des histoires jusqu'à la réalisation concrète des solutions. Ce travail collaboratif a donné lieu à de nombreux échanges entre pairs au sujet des activités et des disciplines qui pouvaient se prêter à ce type de dispositif.

Sont ici particulièrement remerciés les enseignants (ils se reconnaitront dans leur pseudos lea.fr) :
Amelieguerra, aturot, BJC, ChloëIEF, emiledede, fabienne97438, faridaeclapier, gaelle.lepelletier, gijou, isamotu, lLromeo, lillule65, lurosev, lweber9, mariebouffay, marlenejol, mcbéchup, michel talaga, nanou 29, phelan-frenchschool, rachou123, SAND59950, sdegos, what ever happened

Les auteurs
Julien Garbarg Chenon, inspecteur de l'Éducation nationale
Hervé Thibon, professeur agrégé d'Arts plastiques

Dipongo, une Start-up développant des applications numériques « intelligentes » éveillant la créativité des enfants / élèves : il faut quitter l'histoire interactive pour créer de ses propres mains la solution et donc la suite de l'histoire.

L'histoire de l'application « La couleur disparue » a été conçue en collaboration avec Julien Garbarg Chenon et Hervé Thibon et mise en images et animée par Dipongo.

★★★

Direction lea.fr pédagogie : Pascaline Citron
Édition : Stéphanie Dizel Doumenge
Adaptation du principe de maquette et mise en page : Aude Prunet-Foch
Illustration de couverture : Claire Thibon
Illustrations extraites de l'application : avec l'aimable autorisation de Dipongo

ISBN : 9782095020743 - ISSN : 2558-3905 - Code éditeur : 125517

Sommaire

Un ouvrage bimedia

Une application pour suivre les aventures du personnage Edgar : « La couleur disparue »

Comment y accéder ?

Pour accéder à l'application, rien de plus simple. Il suffit d'activer votre abonnement (abonnement 2 ans compris avec l'achat de l'ouvrage) via ce lien : https://dipongo.co/activation-nathan/

Ayez près de vous l'ouvrage car vous devrez valider votre abonnement en reportant dans le formulaire une phrase précise extraite de l'ouvrage. Vous recevrez alors vos identifiants de connexion dans les 48 heures (veillez à entrer une adresse e-mail valide que vous consultez !).

Vous pourrez alors télécharger l'application sur votre tablette (ou votre smartphone) et vous connecter grâce à l'identifiant reçu.

Pour avoir un récapitulatif complet de la procédure d'activation et savoir comment créer un profil enseignant puis des sous-comptes élèves, consultez la fiche technique complète sur Lea.fr

Un ouvrage pour mettre en œuvre les séquences pédagogiques

Comment ça marche ?

Pour chaque défi, vous commencerez par une séquence de compréhension de l'histoire. Puis vous pourrez relever le défi avec vos élèves en suivant les propositions de déroulé de séances.

Les compléments numériques

Pour compléter les séances, vous trouverez sur Lea.fr des documents à télécharger / imprimer / vidéo projeter :

- Diapos en format vignette de l'histoire
- Œuvres d'art
- Fiches élèves…

Pour y accéder :

Lea.fr → Le Lab'Lea → Les livres et méthodes du lab

Introduction

I. Les aventures d'Edgar – un escape game bimédia

★ UN ESCAPE GAME HYBRIDE ET INTERACTIF

Edgar le renard est en visite au musée. Soudain, il est comme happé par un tableau et se retrouve dans un univers merveilleux. Mais les habitants semblent inquiets et désemparés... Edgar va devoir comprendre ce qui a bien pu se passer et aider les villageois à retrouver leur sérénité.

Le rôle de vos élèves? Accompagner Edgar tout au long de son aventure et relever avec lui les défis qui lui permettront de redonner le sourire aux habitants.

Pour cela vous aurez besoin de tout l'engagement, l'enthousiasme, la créativité et la réflexion de vos élèves. Vous serez équipés de tablettes numériques sur lesquelles vous aurez installé l'application « La couleur disparue » (Dipongo[1]), mais également de feuilles de papiers, de morceaux de cartons, de crayons divers et variés et de tout un matériel qui permettra à chacun de manipuler et chercher.

En effet, si Edgar est un personnage virtuel dont on suit l'histoire sur un écran, les défis sont à relever par les élèves dans le monde bien réel de la salle de classe, sans l'outil numérique. Les réponses aux défis sont ensuite intégrées directement dans l'application et interagissent avec l'histoire, dont elles peuvent modifier le cours.

Pour le plus grand plaisir des élèves, pour soutenir leur motivation et leur engagement tout au long de l'aventure, l'escape game est donc **hybride**, dans un juste équilibre entre les activités sur écran et celles que l'on mènera dans des séances hors écran.

Ces deux modalités de travail s'alimentent l'une l'autre. L'histoire d'Edgar amène les élèves à rencontrer et se saisir des défis. Les réponses créatives et variées de la classe vont avoir un effet sur la suite de l'aventure. En ce sens l'escape game est également **interactif**.

★ UN ESCAPE GAME OUVERT

À la différence d'un escape game classique, il n'y a ici pas de contrainte temporelle. Au contraire, il est souhaitable de **laisser le temps** à tous les élèves de se saisir des défis et de prendre une part active à leur résolution. Ainsi, on encouragera les essais des élèves, les recherches et les chemins de traverse afin d'aboutir à des propositions créatives et variées.

La recherche de solutions aux différents défis se veut **collaborative**. Il n'y a pas de compétition entre élèves. Ces derniers travaillent ensemble à l'appropriation des défis et à la manière de les relever. La diversité des défis proposés et des compétences sollicitées permettra à chacun de trouver sa place dans **l'aventure collective**. Suivant les modalités de travail retenues (*cf.* paragraphe organiser la classe), la classe, ou un groupe d'élèves, se concertera pour donner une réponse unique, choisie par tous selon des critères définis. Il est également possible de faire jouer les élèves individuellement.

1. L'abonnement à l'application est inclus dans l'achat de l'ouvrage.

Dans ce dernier cas, les élèves ne participent pas les uns contre les autres mais bien les uns avec les autres, dans le but de faire émerger une variété de possibles.

Les défis en eux-mêmes, à l'exception du premier défi introductif, n'appellent pas une solution unique. Ils ont été conçus comme des **situations ouvertes**, auxquelles il est possible de se confronter de plusieurs manières. Ainsi, pour un même défi, la nature et la forme des réponses peuvent différer. Il est possible de revenir plusieurs fois sur un même défi pour proposer une alternative ou encore optimiser une première tentative. Ce sont donc l'élaboration de stratégies, la persévérance dans la recherche et la créativité qui sont valorisées à travers les réponses des élèves. Ces derniers doivent avoir conscience que « LA bonne réponse » n'existe pas en soi. Elle est le fruit de leur travail d'élaboration et sera validée si elle est bien appropriée à la situation et qu'elle permet à Edgar de poursuivre l'aventure. Ainsi, pour le 1er défi, le travail autour de la connaissance des couleurs permettra aux élèves de trouver la réponse adéquate. De même, dans le 4e défi, lorsque les élèves doivent trouver le code mettant en marche le canon à propulsion, l'objectif est de trouver « le plus de combinaisons possibles ». Chaque tentative, même éloignée du score, est ainsi valorisée.

II. Pourquoi mener un escape game en classe ?

★ APPRENDRE EN PROJET ET PAR LE JEU

Un escape game est à la fois un jeu et une histoire. Il comporte une dimension participative importante. Les jeunes élèves de cycle 2 vont s'identifier au héros de l'histoire. L'aider dans son aventure devient alors un enjeu fort pour les élèves.

Les dimensions ludiques, participatives et narratives de l'escape game répondent aux besoins de l'enfant d'apprendre de manière active tout en s'amusant. Loin d'être un simple artifice, le jeu et la narration soutiennent la motivation et l'implication des élèves. Accompagnés de l'action pédagogique de l'enseignant, ils sont vecteurs d'apprentissage.

L'escape game est une manière de travailler avec sa classe sur un projet interdisciplinaire pendant toute la durée d'une période. Le projet donne du sens aux apprentissages en les mobilisant sur des situations concrètes, qui présentent un enjeu pour les élèves. Il va solliciter et développer chez eux des connaissances et des compétences disciplinaires ainsi que des compétences transversales.

★ UN PROJET INTERDISCIPLINAIRE

Plusieurs disciplines scolaires sont convoquées à différents moments dans le déroulé des recherches des élèves au sein de l'escape game : Français, Mathématiques, Sciences et technologie, Arts plastiques, Histoire des arts. Leur organisation au sein du projet, en fonction des activités, est d'ordre pluridisciplinaire ou interdisciplinaire, selon une distinction inspirée des travaux de recherche très éclairants d'Yves Lenoir.

Pluridisciplinarité : Les disciplines permettent d'apporter leur contribution spécifique à la compréhension et l'assimilation d'un concept ou d'une notion. Ainsi, au début de l'aventure, l'Histoire des arts permet de saisir les sens spécifiques des mots « galerie » ou « fauve », connus par ailleurs à l'occasion de textes vus en Français, lorsqu'ils sont utilisés dans le contexte de la visite d'un musée.

Interdisciplinarité : Plusieurs disciplines sont également en jeu, mais leur participation à l'activité dépasse largement la simple juxtaposition. Elles sont entièrement imbriquées. Cette situation se développe à plein lorsqu'un problème est posé aux élèves et que, pour le résoudre, il est nécessaire de faire appel aux savoirs de plusieurs disciplines (généralement deux, quelquefois trois, rarement plus car cela devient alors trop complexe). Dans cette aventure, cette situation interdisciplinaire apparait par exemple au moment de la recherche de la couleur manquante. Pour la trouver, il faut en effet faire appel à des compétences issues des Sciences (cercle chromatique), et également à des compétences issues des Arts plastiques et de l'éducation à l'image (lecture d'image et manipulation de la couleur). En interdisciplinarité, si l'une des disciplines manque, il est impossible de résoudre le problème.

Toute l'aventure de cet escape game est donc pleinement interdisciplinaire, puisqu'il faut faire appel au Français, aux Mathématiques, aux Sciences, aux Arts plastiques et à l'Histoire des arts, sans oublier un seul de ces domaines, pour répondre à tous les défis d'Edgar.

UN PROJET QUI DÉVELOPPE LES COMPÉTENCES TRANSVERSALES

Les défis et les séances qui les accompagnent sont conçus de manière à développer chez les élèves non seulement des connaissances et compétences disciplinaires, mais également des compétences transversales. Ainsi, tout au long de l'escape game, les élèves vont être amenés à chercher, à raisonner, à créer, à collaborer, à communiquer pour relever les défis.

Les psychologues Todd Lubart et Robert Sternberg définissent **la créativité** comme « la capacité à réaliser une production qui soit à la fois nouvelle et adaptée au contexte dans lequel elle se manifeste ». Les défis proposés s'inscrivent dans cette conception de la créativité. Il s'agira pour les élèves d'apporter une réponse appropriée au contexte de l'histoire, tout en encourageant des propositions originales tant dans leur contenu que dans leur forme. Contrairement à une idée reçue la contrainte, ici apportée par les termes du défi et le cadre de l'histoire, n'empêche pas la créativité. Elle lui permet au contraire de s'exprimer en évitant de tomber dans les pièges de la dispersion ou du hors sujet.

La créativité repose alors sur la capacité des élèves à **raisonner**, c'est-à-dire à mobiliser leurs connaissances et leurs compétences acquises pour élaborer des démarches et procédures propres à résoudre un problème donné. Les séances préparant aux défis apportent les matériaux nécessaires à la réflexion des élèves. Au sein de ces séances, l'enseignant fait émerger les raisonnements, les rend explicites pour les élèves, aide à leur structuration. Par la suite, il favorise les transferts dans les différentes activités de la classe.

Pour encourager la créativité et le raisonnement, on donnera aux élèves un temps important pour **chercher**. Cette recherche se rapproche d'une démarche d'expérimentation, que l'on retrouve à la fois en arts plastiques et dans les domaines scientifiques. Les tâtonnements, les essais, les erreurs sont valorisés. Lorsqu'on les prend en compte et qu'on les analyse, ils permettent toujours d'avancer. Ainsi l'environnement, le matériel disponible, les modalités de travail, l'attitude de l'enseignant qui accompagne et encourage, sans faire à la place de l'élève, doivent favoriser l'engagement des élèves dans la recherche.

Les compétences collaboratives et communicationnelles seront quant à elles mobilisées dans le travail de groupe des élèves, mais également lorsqu'il s'agira de présenter sa production, d'expliciter un raisonnement, de communiquer un résultat.

III. Comment mener un escape game en classe ?

★ ARTICULER L'APPLICATION DIPONGO AVEC L'ACTION PÉDAGOGIQUE DE L'ENSEIGNANT

L'escape game est composé de deux types d'activités auxquelles les élèves seront confrontés : la compréhension de l'histoire et la réalisation des défis. En classe, on alternera donc des séances consacrées à l'appropriation du vocabulaire et à la compréhension des textes, avec des séquences propres à chaque défi.

La tablette va être utilisée pour suivre les aventures d'Edgar, prendre connaissance des consignes des défis et téléverser les solutions dans l'application sous la forme d'une photographie ou d'un enregistrement. En revanche, la résolution des défis ainsi que les activités préalables à la compréhension des textes ne recourent pas nécessairement à l'application, et se développent dans la classe, au sein d'une large interdisciplinarité.

L'histoire étant interactive et les réponses aux défis multiples, le synopsis ci-après de l'escape game va évoluer en fonction des choix effectués par la classe. Le schéma ci-dessous détaille l'alternance des différentes étapes et précise la variété des parcours possibles.

SYNOPSIS

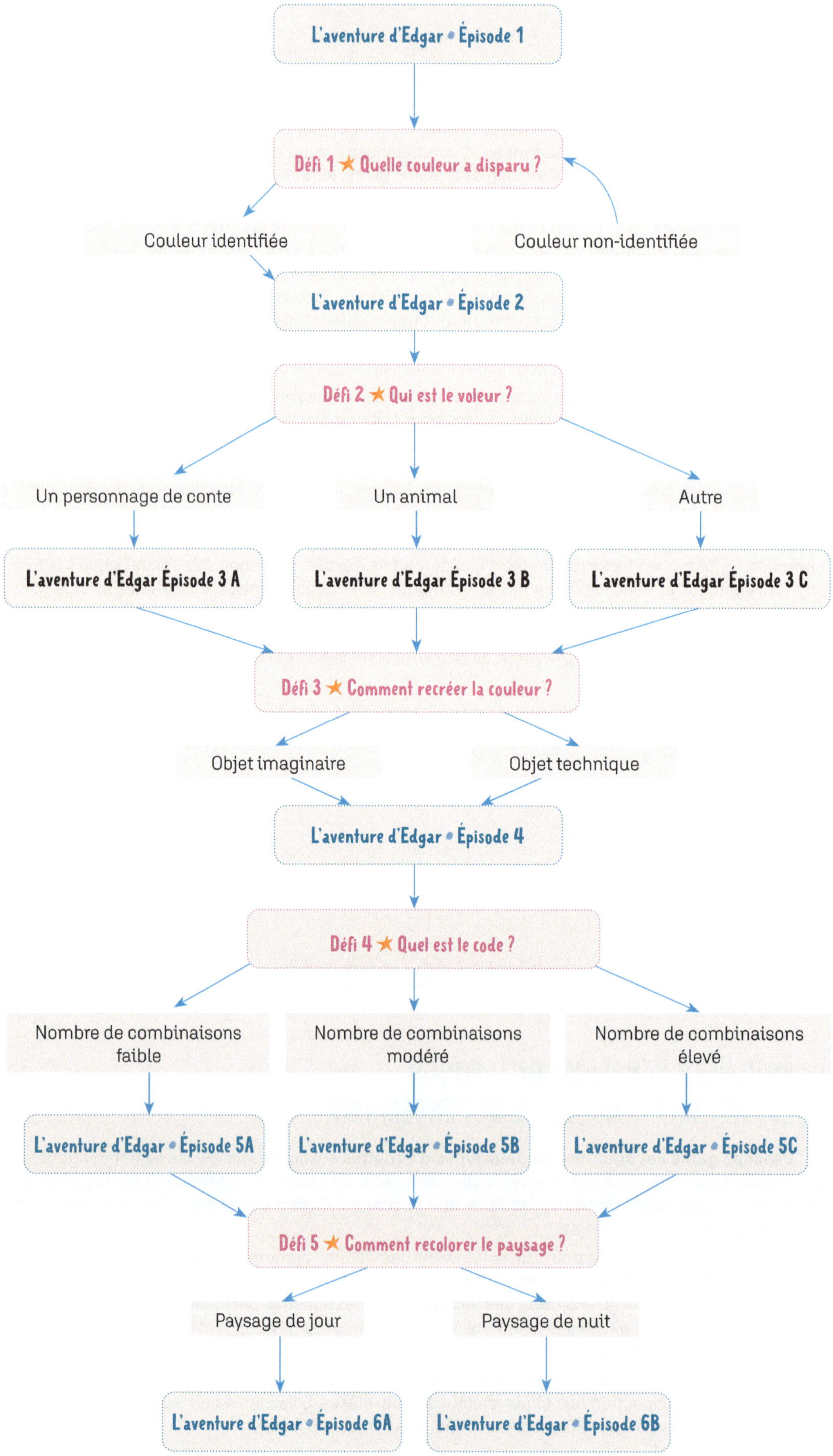
L'aventure d'Edgar • Épisode 1
Défi 1 ★ Quelle couleur a disparu ?
Couleur identifiée
Couleur non-identifiée
L'aventure d'Edgar • Épisode 2
Défi 2 ★ Qui est le voleur ?
Un personnage de conte
Un animal
Autre
L'aventure d'Edgar Épisode 3 A
L'aventure d'Edgar Épisode 3 B
L'aventure d'Edgar Épisode 3 C
Défi 3 ★ Comment recréer la couleur ?
Objet imaginaire
Objet technique
L'aventure d'Edgar • Épisode 4
Défi 4 ★ Quel est le code ?
Nombre de combinaisons faible
Nombre de combinaisons modéré
Nombre de combinaisons élevé
L'aventure d'Edgar • Épisode 5A
L'aventure d'Edgar • Épisode 5B
L'aventure d'Edgar • Épisode 5C
Défi 5 ★ Comment recolorer le paysage ?
Paysage de jour
Paysage de nuit
L'aventure d'Edgar • Épisode 6A
L'aventure d'Edgar • Épisode 6B

Chacune de ces étapes fait l'objet d'une séquence d'apprentissage détaillée dans ce guide. Le seul déroulé de l'application ne suffit pas à mener l'escape game en classe. Son utilisation doit être soutenue par l'action pédagogique de l'enseignant afin que tous les élèves puissent s'approprier l'histoire, s'engager dans la résolution des défis et construire les connaissances et les compétences visées.

★ ORGANISER LA CLASSE

En fonction de l'équipement informatique de la classe et des choix pédagogiques de l'enseignant, on pourra proposer différentes modalités de participation à l'escape game.

Une tablette pour toute la classe

Reliée à un dispositif de projection, la tablette permet de suivre les aventures d'Edgar de manière collective.

Pour réaliser les défis, on partage la classe en plusieurs groupes d'environ 5 élèves. Chaque groupe cherche et propose une solution au défi. Les différentes propositions sont mises en commun et présentées à l'ensemble des élèves. On procède alors à un vote pour choisir la solution à télécharger dans l'application.

L'ensemble de la classe suit donc le même scénario. À l'issue de l'aventure, il est possible de revenir sur les défis et de proposer des solutions alternatives, qui auront peut-être déjà émergé des travaux en groupes, et ainsi découvrir les autres épisodes de l'histoire.

Une tablette par groupe d'élèves

Les élèves sont répartis en groupes de 5 environ. Chaque groupe dispose d'une tablette qui lui permet de suivre l'histoire et réalise les défis proposés. Ainsi, les différents groupes fonctionnent en parallèle les uns des autres.

On gardera néanmoins un même rythme de progression pour toute la classe afin de pouvoir mener les séances de compréhension et d'appropriation des défis de manière collective.

Cette modalité permet à chaque groupe d'élève de proposer sa solution aux défis et de personnaliser son aventure. Sans introduire de compétition entre les groupes, il est alors possible de comparer les différentes propositions et de prendre connaissance des idées de ses pairs.

Une tablette par élève ou par binôme

Dans cette modalité, chaque élève (ou chaque binôme d'élèves) utilise sa propre tablette. Les solutions de chacun sont ainsi prises en compte et le parcours est personnalisé.

On veillera cependant à mener les séances de compréhension et d'appropriation des défis de manière collective. De même on favorisera l'entraide et la coopération pour que les élèves qui seraient confrontés à des difficultés et des obstacles puissent les surmonter.

★ RELEVER LES DÉFIS

L'aventure d'Edgar comporte cinq défis différents. L'escape game étant interdisciplinaire les défis portent sur plusieurs champs d'enseignement. Ils mobilisent des connaissances et des compétences propres à chaque discipline, mais également des compétences transversales en lien avec le raisonnement, la recherche, la créativité.

Le tableau suivant présente de manière synthétique les différents défis et les compétences associées.

Défi	Description	Domaine disciplinaire principal	Compétences transversales
1 Quelle couleur a disparu ?	Identifier la couleur manquante dans l'univers à l'aide de la création du cercle chromatique.	Sciences Arts plastiques	Observer, rechercher l'information, comprendre, déduire, justifier, communiquer.

❷ Qui est le voleur ?	Écrire un texte identifiant un potentiel suspect et son mobile.	Rédaction	Observer, rechercher l'information, comprendre, imaginer et créer, s'exprimer.
❸ Comment recréer la couleur ?	Penser et concevoir une machine permettant de fabriquer une couleur. Le procédé pourra être réel ou imaginaire.	Arts plastiques Ou Technologie	Comprendre, chercher, créer, imaginer, concevoir, raisonner, argumenter, essayer, vérifier, modéliser.
❹ Comment mettre en route le canon à propulsion ?	Trouver un nombre suffisant de combinaisons de 5 couleurs différentes pour mettre en marche le canon à propulsion.	Résolution de problèmes	Comprendre, chercher, raisonner, argumenter, s'organiser, essayer, analyser, communiquer.
❺ Comment recolorer le monde ?	Redonner ses couleurs à un paysage diurne par beau temps ou mauvais temps, ou un paysage nocturne.	Arts plastiques	Observer, chercher, essayer, créer.

Chaque défi est un problème ouvert. Il n'y a jamais une procédure unique de résolution ni une seule bonne réponse, à l'exception du premier défi qui permet d'entrer dans l'aventure.

Il s'agira alors pour les élèves de bien se représenter le problème posé par le défi puis d'élaborer des stratégies de résolution, de les mettre en œuvre, de les faire évoluer au besoin afin d'aboutir à une solution cohérente et appropriée et de la communiquer.

Il est donc important, dans la réalisation des défis, de laisser une place conséquente à la recherche et à l'initiative des élèves. Pour cela l'enseignant veillera :

- à donner du temps aux élèves pour chercher, en se mettant parfois en retrait sans intervenir sur leurs réponses ;
- à créer un environnement d'apprentissage propice, à mettre à disposition du matériel pour chercher et manipuler ;
- à nourrir la recherche en apportant les connaissances nécessaires, en amont du défi mais également pendant sa réalisation, en fonction de l'avancée des élèves ;
- à favoriser les échanges entre pairs pour confronter les différentes idées et surmonter les obstacles ;
- à valoriser les tentatives des élèves et les essais-erreurs, considérés comme inhérents au processus de résolution ;
- à accepter la diversité des stratégies et des procédures ;
- à soutenir l'activité des élèves par le langage, en les aidant à mettre des mots sur leurs actions ;
- à expliciter des liens avec des situations analogues dont les élèves pourraient s'inspirer.

Les séquences développées dans le guide apportent les pistes pédagogiques pour mettre en œuvre cette démarche et détaillent les séances d'appropriation et de résolution des défis.

★ COMPRENDRE L'HISTOIRE

L'histoire d'Egdar au pays des couleurs est racontée dans l'application. Les élèves la découvrent en s'appuyant sur le texte entendu, les illustrations de l'application ainsi que le texte retranscrit au sein de chaque vignette.

Les séances portant sur la compréhension ont pour ambition principale de permettre à l'ensemble des élèves de bien s'approprier l'histoire, d'identifier les personnages, leurs intentions, leurs péripéties. Il a été choisi de travailler principalement à partir du texte entendu. Ainsi les difficultés en lecture que pourraient rencontrer certains élèves, en particulier chez les apprentis lecteurs pour qui le décodage reste encore lent, ne constitueront pas un obstacle à la bonne compréhension de l'histoire.

La compréhension est une activité complexe qui mobilise un ensemble de connaissances langagières et culturelles, ainsi que des habiletés à traiter des inférences, à raisonner à partir des informations, à auto évaluer et réguler sa compréhension. Lorsque cette compréhension concerne un texte entendu, il convient également d'être particulièrement attentif à la préparation des élèves à l'écoute active. Cette dernière nécessite d'identifier au préalable les difficultés et d'apporter des connaissances permettant de les surmonter, de centrer la concentration sur le message oral, de cibler les objectifs en donnant un but explicite à l'écoute. Ainsi les élèves pourront mobiliser les différentes stratégies de compréhension, enseignées explicitement, pour élaborer une bonne représentation de l'histoire.

La dernière séance s'ouvre sur un débat interprétatif portant sur le pouvoir de l'imaginaire et la force évocatrice de l'œuvre d'art, en écho direct au sens de l'aventure vécue par Edgar et les élèves tout au long de l'escape game.

COMPÉTENCES TRAVAILLÉES	
Français Cycle 2	**Comprendre et s'exprimer à l'oral** ★ Écouter pour comprendre des messages oraux ou des textes lus par un adulte ; ★ Dire pour être entendu et compris. ★ Participer à des échanges dans des situations diverses.
	Lire ★ Comprendre un texte et contrôler sa compréhension. ★ Pratiquer différentes formes de lecture.
	Comprendre le fonctionnement de la langue ★ Construire le lexique.

OBJECTIFS PÉDAGOGIQUES
Écouter pour comprendre des messages oraux ou des textes lus par un adulte ★ Maintenir une attention orientée en fonction du but. ★ Repérer et mémoriser des informations importantes. Les relier entre elles pour leur donner du sens. ★ Mobiliser des références culturelles nécessaires pour comprendre le message ou le texte. ★ Mémoriser le vocabulaire entendu dans les textes. ★ Repérer d'éventuelles difficultés de compréhension.
Dire pour être entendu et compris ★ Prendre en compte des récepteurs ou interlocuteurs. ★ Organiser son discours.
Participer à des échanges dans des situations diverses ★ Respecter des règles organisant les échanges. ★ Prendre conscience et tenir compte des enjeux. ★ Organiser son propos. ★ Utiliser le vocabulaire mémorisé.
Comprendre un texte et contrôler sa compréhension ★ Mettre en œuvre (de manière guidée, puis autonome) une démarche explicite pour découvrir et comprendre un texte. ★ Être capable de faire des inférences. ★ Savoir mettre en relation sa lecture avec les éléments de sa propre culture. ★ Savoir mobiliser ses expériences antérieures de lecture (lien avec les lectures personnelles, les expériences vécues et des connaissances qui en sont issues ; sur des univers, des personnages types). ★ Savoir mobiliser des champs lexicaux portant sur l'univers évoqué par les textes
Savoir contrôler sa compréhension ★ Savoir justifier son interprétation ou ses réponses, s'appuyer sur le texte et sur les autres connaissances mobilisées. ★ Maintenir une attitude active et réflexive, une vigilance relative à l'objectif (compréhension, buts de la lecture).
Construire le lexique ★ Mobiliser des mots en fonction des lectures et des activités conduites, pour mieux parler, mieux comprendre, mieux écrire.

L'histoire d'Edgar au pays des couleurs a été découpée en 6 épisodes. Chaque épisode se conclut par un nouveau défi, excepté l'épisode final qui clôt l'aventure. On alternera donc les séances portant sur la compréhension du texte avec celles consacrées à la réalisation des défis. L'histoire va évoluer différemment en fonction des réponses des élèves aux défis. Ainsi un même épisode peut prendre la forme de plusieurs variantes, en fonction du chemin parcouru dans l'application (*cf.* synopsis page 8).

★ DÉROULEMENT TYPE D'UNE SÉANCE DE COMPRÉHENSION

Les séances ont été conçues de manière à respecter les principes énoncés précédemment. Elles se déroulent principalement à l'oral. Dans la mesure du possible, on privilégiera un travail en groupes restreints de manière à permettre à chaque élève de s'exprimer.

Les séances respectent toutes une même structure :

❶ En amont, appropriation du lexique spécifique à l'épisode

Le lexique susceptible de poser un problème aux élèves doit être travaillé en amont afin qu'il ne constitue pas un obstacle à la compréhension lors de l'écoute de l'histoire. Il est identifié en introduction de chaque séance et pourra être adapté en fonction des connaissances des élèves de la classe.

Pour que les élèves s'approprient le lexique, on proposera des petites activités quotidiennes et ritualisées, tout au long de la semaine précédant la séance de compréhension :

- présenter le mot étudié, le définir, le décrire de différentes manières ;
- l'associer à un support visuel ;
- employer le mot au sein d'une phrase, dans différents contextes ;
- trouver des mots qui veulent dire presque la même chose, des mots qui veulent dire le contraire, des mots dérivés ;
- regrouper les mots selon un critère commun : de sens, de nature, morphologique...

❷ Écoute d'un premier passage

En fonction de la longueur de l'épisode, il pourra être découpé en plusieurs parties. On donnera une consigne d'écoute.

❸ Question ouverte

La première interrogation sur le texte prend la forme d'une question ouverte : « De quoi vous rappelez-vous ? ». Elle invite à une première restitution du sens du texte par les élèves

Selon les principes développés par Pierre Peroz dans la Pédagogie de l'écoute[1], l'enseignant restera en retrait pour laisser le temps aux élèves d'élaborer leur réponse et de s'exprimer, y compris lorsqu'un élève répète un élément déjà cité par un camarade.

Afin que les élèves puissent reprendre leur propos, l'enrichir et percevoir de nouvelles idées, on relancera avec une deuxième question ouverte : « Qu'a-t-on oublié de dire ? ».

❹ Compréhension fine

Cette étape vise à travailler une compréhension fine d'un des aspects du passage qui pourrait faire obstacle à la compréhension : l'identification des intentions des personnages, la compréhension des inférences, les repères temporels, les liens de causalité, l'interprétation de l'extrait.

On réitéra les étapes 3 et 4 pour l'ensemble des passages de l'épisode.

❺ Écoute de l'ensemble de l'épisode

Une fois tous les extraits étudiés, on procèdera à une nouvelle écoute de l'ensemble de l'épisode.

❻ S'assurer de la bonne compréhension de l'épisode et en rendre compte.

La séance se conclut par une activité d'élaboration, permettant à l'élève de rendre compte de sa compréhension de l'ensemble de l'épisode. C'est également un moyen pour l'enseignant d'évaluer les élèves pour remédier aux éventuelles difficultés qui persisteraient.

★ PROGRAMMER LES SÉANCES

L'escape game peut être mené sur une période de 7 semaines de classe, à raison d'une séance par jour.

On alternera les séances de compréhension de l'épisode avec celles consacrées à la réalisation des défis. Les séances d'acquisition du vocabulaire, courtes et ritualisées, sont menées simultanément aux défis et préparent la compréhension de l'épisode narratif qui suivra.

Voici une programmation indicative :

1. «Apprentissage du langage oral à l'école maternelle, pour une pédagogie de l'écoute», Pierre Péroz, SCEREN, CRDP Lorraine

	SEMAINE 1					SEMAINE 2					SEMAINE 3					SEMAINE 4	
VOCABULAIRE	Voc. E1							Voc. E2							Voc. E3		
	X	X						X	X	X					X	X	
COMPRÉHENSION		E1 S1	E1 S2								E2 S1						
		X	X								X						
DÉFIS				Défi 1 ★ Quelle couleur a disparu ?								Défi 2 ★ Qui est le voleur ?					
				X	X	X	X	X	X	X		X	X	X	X	X	

	SEMAINE 4			SEMAINE 5					SEMAINE 6					SEMAINE 7		
VOCABULAIRE				Voc. E4					Voc. E5					Voc. E6		
				X	X	X			X	X	X		X	X	X	
COMPRÉHENSION	E3 S1						E4 S1					E5 S1				E6 S1
	X						X					X				X
DÉFIS		Défi 3 ★ Comment recréer la couleur ?						Défi 4 ★ Quel est le code ?					Défi 5 ★ : Comment recolorer le paysage ?			
		X	X	X	X	X		X	X	X	X		X	X	X	

X = 1 séance
Voc. E1 = séance courte ritualisée d'appropriation du vocabulaire de l'épisode 1
E1 S1 = Compréhension de l'épisode 1, séance 1

DÉFI 1
QUELLE COULEUR A DISPARU ?

2 SÉQUENCES

- ★ Compréhension de l'histoire :
  - Le vocabulaire du musée – L'impressionnisme et le fauvisme
  - Compréhension de l'épisode 1
- ★ Le Défi à relever

Compréhension de l'histoire

Épisode 1 : une couleur a disparu

Texte de l'épisode 1

Aujourd'hui est un de ces dimanches pluvieux où il fait bon être au musée plutôt qu'au parc. C'est donc au musée des Beaux-arts que se trouve Edgar. Il découvre cet après-midi les œuvres des plus grands peintres : Monet, Van Gogh, Cézanne, Braque, Derain... C'est fascinant !

Entre la galerie des impressionnistes et juste avant celle des artistes fauvistes, il y a une petite salle avec un tableau vraiment particulier. Il semble si réel. Quand on regarde de plus près, on peut voir que... Oui, c'est un passage ! Edgar, qui est très curieux, décide de passer une patte et il est soudain comme aspiré par le tableau.

Oh, Edgar est maintenant dans le tableau. C'est incroyable ! Ce monde est aussi coloré que l'ensemble des toiles du musée. « Puisque je suis ici, je vais en profiter pour découvrir ce nouvel univers fascinant. Suivez-moi petits aventuriers ! »

« Regardez, ce monde est magnifique, mais il y a quelque chose d'étrange dans ce décor. Vous ne trouvez pas ? »

Alors qu'Edgar se questionne, le fleuriste vient à sa rencontre. « Ah, vous aussi vous vous demandez ce qu'il se passe. Regardez, mon bouquet a perdu ses belles couleurs sans raison. C'est la catastrophe ! »

Les plaintes du fleuriste attirent rapidement d'autres habitants mécontents. « Et moi, regardez mon livre ! », dit un passant. « Je ne comprends pas, mon chapeau favori est désormais incolore ! », explique la dame. « Mon doudou bouhouhou », pleurniche un petit garçon.

Mais que se passe-t-il ? On entend soudain au loin un brouhaha qui s'élève. Edgar décide d'aller voir... Peut-être pourra-t-il trouver des informations ? « Les habitants de cet univers semblent tous bien tristes et contrariés aujourd'hui. »

Edgar ne sait plus où donner de la tête. Certains habitants sont tristes, d'autres en colère ou encore paniqués. Quel méli-mélo d'émotions ! Soudain, l'inspecteur de police prend la parole. « Chers habitants, à l'évidence, une couleur a disparu ! » Le silence se fait alors, c'est une catastrophe !

C'est donc ça qui semble si étrange dans ce paysage ! Il manque une couleur pour que l'harmonie soit parfaite. « Mais quelle couleur ? », se demande Edgar. Petits aventuriers, à votre avis, quelle couleur a disparu ?

SÉANCE 1 > Le vocabulaire du musée / L'impressionnisme et le fauvisme

Compétences travaillées

Français

- Comprendre le fonctionnement de la langue : Construire le lexique.

Éducation artistique et culturelle et Arts plastiques (cycle 2)

- Se repérer dans les domaines liés aux arts plastiques, être sensible aux questions de l'art : établir un premier lien entre son univers visuel et la culture artistique.
- S'approprier quelques œuvres de domaines et d'époques variés appartenant au patrimoine national et mondial.
- S'ouvrir à la diversité des pratiques et des cultures artistiques.

Objectifs pédagogiques

Français

- Acquérir l'essentiel du vocabulaire spécifique du musée : tableau, toile, œuvre, artiste, salle, galerie, beaux-arts, impressionnistes, fauvistes, décor.
- Construire le lexique : mobiliser des mots en fonction des lectures et des activités conduites, pour mieux parler, mieux comprendre ; être capable de consulter un dictionnaire.

Éducation artistique et culturelle et Arts plastiques (cycle 2)

- Rencontrer : les spécificités du musée d'art ; les œuvres de certains artistes du patrimoine.
- Connaitre : les éléments de vocabulaire spécifiques au musée ; les particularités de deux mouvements majeurs de l'art moderne, l'impressionnisme et le fauvisme.

Matériel

- Tablette. Histoire du début à l'entrée d'Edgar dans le tableau.
- Œuvres impressionnistes. Claude Monet, *Les Meules, fin de l'été* (1890) ; Paul Cézanne, *La Montagne Sainte-Victoire vue des Lauves* (1902-1906). (*cf.* Annexes)
- Œuvres fauvistes. André Derain, *Hyde Park* (1904-1906) ; Georges Braque, *L'Estaque* (1906). (*cf.* Annexes)

Cette séance propose tout d'abord de travailler avec les élèves sur le vocabulaire du musée, puis d'élargir leurs connaissances, en Éducation artistique et culturelle (ÉAC), à deux mouvements qu'ils rencontreront au début de l'aventure et dans certaines activités, l'impressionnisme et le fauvisme. Ce vocabulaire assimilé, il sera plus simple pour les élèves de comprendre l'histoire, de travailler sur les différents défis et de s'exprimer avec plus de précisions à leur sujet. Ce temps est structuré par ailleurs sur les trois piliers de l'ÉAC, qui sont l'acquisition de connaissances artistiques par la rencontre d'œuvres et les pratiques qui y sont liées. Il pourra donc être intégré dans le Parcours d'Éducation artistique et culturelle (PÉAC) de l'école.

Dans le texte de ce premier épisode ont été **colorés** les mots qui vont être travaillés en vocabulaire et en Histoire des arts.

*Aujourd'hui est un de ces dimanches pluvieux où il fait bon être au **musée** plutôt qu'au parc. C'est donc au musée des **Beaux-arts** que se trouve Edgar. Il découvre cet après-midi les **œuvres** des plus grands **peintres** : Monet, Van Gogh, Matisse, Braque, Derain... C'est fascinant !*

*Entre la **galerie** des **impressionnistes** et juste avant celle des artistes **fauvistes**, il y a une petite salle avec un **tableau** vraiment particulier. Il semble si réel. Quand on regarde de plus près, on peut voir que... Oui, c'est un passage ! Edgar, qui est très curieux, décide de passer une patte et il est soudain comme aspiré par le tableau.*

*Oh, Edgar est maintenant dans le tableau. C'est incroyable ! Ce monde est aussi coloré que l'ensemble des **toiles** du musée. « Puisque je suis ici, je vais en profiter pour découvrir ce nouvel univers fascinant. Suivez-moi petits aventuriers ! »*

*« Regardez, ce monde est magnifique, mais il y a quelque chose d'étrange dans ce **décor**. Vous ne trouvez pas ? »*

Deux temps sont prévus pour cette activité pédagogique :

- découvrir et connaitre les mots spécifiques au musée et appréhender leur sens dans ce contexte spécifique ;
- rencontrer et connaitre les caractères majeurs de l'impressionnisme et du fauvisme.

Explicitation de la séance : « Pour bien comprendre l'aventure d'Edgar, il faut que nous comprenions bien tous les mots, et en particulier ceux qui sont en lien avec le lieu du départ de son aventure, le musée. Pour cela, nous allons utiliser le dictionnaire, mais aussi notre intelligence et notre imagination, car il arrive que certaines significations particulières d'un mot ne se trouvent pas dans le dictionnaire. »

ÉTAPE 1 > Découvrir et interroger les mots spécifiques au musée 20 min

Cette première étape permet surtout aux élèves d'échanger leurs connaissances au sujet du vocabulaire du musée.

Commencer par le mot « musée ». Écouter la première phrase du texte et demander aux élèves d'expliquer ce qu'est un musée. Confirmer par la lecture de la définition du mot dans le dictionnaire. Observer des images de grands musées (Louvre, Orsay et MNAM à Paris, National Gallery à Londres, MoMa à New York...).

Écouter et lister. Écouter la suite du texte en demandant aux élèves de lever la main chaque fois qu'ils entendent un mot qui se rapporte au monde du musée. Noter chacun des mots au tableau.

Vérifier et discuter. Commencer par éliminer de la liste les mots impressionnistes et fauvistes, s'ils ont été cités, en expliquant qu'on y reviendra en détail en fin d'activité. Vérifier et confirmer à l'aide des explications données par les élèves ou du dictionnaire les propositions de la liste du tableau. Supprimer les mots qui ne se rapportent pas au musée.

ÉTAPE 2 > Saisir le sens des mots spécifiques au musée 30 min

Cette deuxième étape permet aux élèves de comprendre que certains mots, dont le sens premier n'a pas de lien immédiat avec le musée, sont en fait également des mots importants dans le contexte muséal.

Compléter la liste de l'étape 1. Ajouter les mots du champ lexical du musée qui n'auraient pas été proposés par les élèves. Les interroger sur leur signification et expliquer leur sens dans le contexte muséal, lorsque c'est nécessaire.

Structurer le lexique. Demander aux élèves de classer les mots de la liste, c'est-à-dire de les regrouper selon une caractéristique commune. Préciser qu'ils devront expliciter leur classement. Faire travailler les élèves par groupes de 2 ou 3. Laisser un temps de recherche puis mettre en commun. Plusieurs classements sont possibles, par exemple :

Les lieux	L'œuvre d'art	Les artistes
Le musée Les beaux-arts La galerie Une salle	Les œuvres Un tableau Une toile	Le peintre Les impressionnistes Un artiste Les fauvistes

Réinvestir le lexique. À l'oral, demander aux élèves d'inventer des phrases en employant les mots de la liste.

Compléments culturels éventuels et pistes d'explicitations pour les mots n'ayant pas un sens premier en lien direct avec le champ lexical du musée :

- **Beaux-arts.** Ce terme ancien date des académies du XVIIe siècle, qui réunissaient les meilleurs artistes dessinateurs, peintres, sculpteurs et architectes. Il intègre a priori la notion de beauté, mais cet adjectif signifie plus ici « noble » que « joli ». En effet, les œuvres des musées des beaux-arts peuvent montrer la laideur physique (d'un paysage, d'un objet) ou morale (d'une personne), ainsi que l'horreur (d'une bataille, d'une maladie), la tristesse, l'angoisse, la tragédie, la mort... Aujourd'hui, on parle plutôt d'arts **plastiques** ou d'arts **visuels** (ne serait-ce que parce que la photographie – depuis deux siècles –, la vidéo et le design – depuis une cinquantaine d'années – ont intégré ce domaine).
- **Œuvre.** C'est le résultat d'un **ouvrage**. Le travail est le processus, et l'œuvre est le résultat. En général, le travail (labeur) se fait dans le secret de l'atelier, alors que l'ouvrage (l'œuvre) se montre. À l'école, en Arts plastiques, l'usage veut que l'on réserve le mot œuvre aux réalisations des artistes « de métier » (et a fortiori ceux du patrimoine), et qu'on utilise le mot production pour les réalisations des élèves. Introduire éventuellement le terme de chef d'œuvre.
- **Peintre.** Ce mot, sans doute connu des élèves, désigne aussi bien un métier d'art (artiste-peintre) qu'un métier artisanal (peintre en bâtiment). Faire remarquer aux élèves que si le premier est celui pour lequel a été créé le musée, le second y intervient également, pour embellir la qualité des murs du musée, et leur capacité à mettre en valeur les œuvres des artistes-peintres.

- **Galerie.** Ce mot est généralement utilisé pour désigner des lieux de présentation d'œuvres d'art de relativement petite taille (en comparaison à la plupart des musées), en vue de la vente des œuvres (alors que le musée est le lieu de leur conservation). Il se peut cependant qu'on nomme galerie une salle de musée dédiée à une seule thématique (ou un seul artiste, ou mouvement), surtout si son plan est en longueur (sens premier du mot : sorte de couloir).
- **Artiste.** Ce mot est très difficile à définir globalement. Un artiste est un créateur d'œuvres d'art, c'est-à-dire d'objets destinés à émouvoir, à faire ressentir… Le plus simple, au cycle 2, est sans doute de lister les activités qui s'y rapportent : dans le contexte du musée, on citera dessiner, peindre, sculpter, photographier, filmer… On pourra également compléter par d'autres activités artistiques : faire de la musique, de la littérature et de la poésie, du théâtre, de la danse, du cirque… Relier cette liste aux six domaines de l'Éducation artistique et culturelle.
- **Salle.** Ce mot a le même sens au musée que pour tout édifice ou bâtiment.
- **Tableau.** À l'école, ce mot est d'abord celui qui désigne l'espace mural sur lequel on peut écrire à la craie ou au feutre Velléda (et aujourd'hui sur un écran numérique interactif). Expliquer que ce sens est un dérivé du mot table, qui désigne un espace plant et rectangulaire, destiné à y disposer des choses. Lorsque la **table** est au mur, elle devient un **tableau.** Faire lien (de forme et de sens) avec **les tableaux à double entrée** utilisés souvent en classe. Indiquer que lorsqu'on dit « un tableau », dans le contexte du musée, on ne précise pas « de peinture », car c'est un implicite (une inférence), dans la mesure où il n'y a généralement pas de tableau « pour écrire » dans les musées. Parler également de **cadre** et **d'encadrement** (*cf.* œuvres ci-dessous), éléments qui décorent souvent les contours des tableaux peints.
- **Toile.** Comme **tableau**, ce terme ne va pas immédiatement faire penser au musée, mais à un morceau de tissu. Nombreux sont les tableaux qui sont peints sur une toile tendue (d'où le nom) sur un châssis. (Voir par exemple : https://www.youtube.com/watch?v=026Jyb7dCwc)
- **Décor.** Ce mot n'est pas propre au musée, mais dans ce contexte, il désigne le « théâtre » dans lequel se déroulent les actions figurées des personnages (ou animaux) des tableaux. Un jeu de mots peut permettre de mieux saisir l'importance du décor dans le contexte muséal : « Dans un tableau, il n'y a que deux choses : des corps dans un décor ».

ÉTAPE 3 > Rencontrer l'impressionnisme (40 min)

Cette rencontre permet d'abord de comprendre tous les mots du texte de l'aventure. Elle permet également de préparer les élèves au défi n°5 (option « paysage réaliste »).

Explicitation de l'étape : « Durant cette étape, nous allons rencontrer et comprendre un mot important dans le monde de la peinture et des musées, le mot "impressionnisme". »

Observation du mot. Écrire le mot **impressionnisme** au tableau et demander à quoi il fait penser. Une fois que les élèves ont trouvé le mot **impression**, définir ce mot (dictionnaire et discussion en commun) et donner des exemples. Expliquer que les impressionnistes sont des peintres qui observaient des paysages et tentaient de peindre leurs impressions. Indiquer qu'on va comprendre pourquoi en regardant une œuvre d'un peintre impressionniste.

Observation d'une œuvre. Présenter *Les Meules, fin de l'été*, de Claude Monet (1890), et demander de l'observer en silence durant une minute. Laisser ensuite un petit temps d'expression libre aux élèves.

Expliquer ce qu'est une meule (un entassement de tiges de blé à qui on donne la forme d'une maison et qu'on laisse sécher au soleil). Noter la lumière exceptionnelle (une belle lumière d'été) et la « touche », c'est-à-dire la trace de chaque coup de pinceau.

La question de la photographie. Indiquer que ce genre de peinture est apparu quelques années après l'invention de la photographie. Montrer une photographie et demander ce qui caractérise avant tout ce type de représentation de la réalité. En déduire que c'est son réalisme, c'est-à-dire le fait de ressembler le plus fidèlement possible à la réalité. Montrer par exemple La Joconde de Léonard de Vinci et expliquer qu'elle a été peinte avant l'invention de la photographie. Expliquer que la réalisation d'un tel tableau prenait des semaines, voire des mois, et qu'une photographie, aujourd'hui, est aussi réaliste avec un temps de fabrication de moins d'une seconde. En déduire

MEULES, FIN DE L'ÉTÉ, 1890, CLAUDE MONET (1840-1926), MUSÉE D'ORSAY, PARIS

qu'à l'invention de la photographie, les peintres n'ont plus eu que le choix entre deux activités : soit ils devenaient photographes et abandonnaient le dessin et la peinture (ce que beaucoup ont fait), soit ils recherchaient, en peinture, une autre manière de représenter la réalité, que la photographie ne savait pas faire. Montrer une photographie de paysage en noir et blanc des années 1850 (un daguerréotype – *cf.* recherche internet Wikipédia), et déduire avec les élèves que ce qui manque, c'est la couleur (et la lumière qui y est associée).

Lumière et vitesse. Expliquer que pour représenter la couleur qu'ils voyaient (ce que ne sait pas faire la photo), et la lumière qui lui est liée, les peintres qui ne voulaient pas devenir photographes étaient obligés de peindre très rapidement (cela aussi leur permettait de rivaliser avec la photo), car la lumière du jour change rapidement. C'est à cause de cette rapidité dans le placement de la couleur sur le support que les coups de pinceaux sont si visibles sur leurs œuvres. Cette grande vitesse d'exécution les empêchait également de représenter tous les détails, mais cela ne les gênait pas, car ils voulaient que leur peinture ne ressemble pas à une photographie. Ces artistes se sont nommés impressionnistes car ils constataient qu'ils représentaient surtout l'impression que leur faisaient la lumière et les couleurs de ce qu'ils voyaient, et non pas les détails de ce qu'ils avaient sous les yeux.

LA MONTAGNES SAINTE-VICTOIRE VUE DES LAUVES, 1902 – 1906, PAUL CÉZANNE (1839-1906), KANSAS CITY (MISSOURI), THE NELSON- ATKINS MUSEUM OF ART

Une autre œuvre impressionniste pour vérifier. Présenter *La Montagne Sainte-Victoire vue des Lauves* (1902-1906) de Paul Cézanne, et demander de l'observer en silence durant une minute. Laisser ensuite un petit temps d'expression libre aux élèves.

Constater que tout ce qui a été dit au sujet du tableau de Monet est également vrai pour celui-ci. Cézanne est également un peintre impressionniste.

ÉTAPE 4 > Rencontrer le fauvisme

40 min

Cette seconde rencontre permet également de comprendre tous les mots du texte de l'aventure. Elle permet en outre de préparer les élèves à l'option « paysage imaginaire » du défi n°5.

Explicitation de l'étape : « Durant cette étape, nous allons rencontrer et comprendre un autre mot important dans le monde de la peinture et des musées, le mot "fauvisme". »

Observation du mot. Écrire le mot fauvisme au tableau et demander à quoi il fait penser. Une fois que les élèves ont trouvé le mot fauve, définir ce mot (dictionnaire et discussion en commun) et donner des exemples. Insister sur le rugissement des fauves (le lion, notamment). Expliquer que les fauvistes sont des peintres qui ont été appelés ainsi par leurs premiers spectateurs, qui étaient choqués et effrayés en regardant leurs peintures. Indiquer qu'on va comprendre pourquoi en regardant une œuvre d'un peintre fauviste.

Observation d'une œuvre. Présenter *Hyde Park* (1904-1906) d'André Derain, et demander de l'observer en silence durant une minute. Laisser ensuite un petit temps d'expression libre aux élèves.

Noter, par comparaison aux œuvres impressionnistes, une attention encore plus faible aux détails de ce qui est représenté. Les formes y sont clairement simplifiées. Noter également la belle lumière et (surtout) les couleurs très vives.

Toujours la question de la photographie. Indiquer que, comme pour les impressionnistes, leurs ainés, les fauvistes (qui apprécient beaucoup l'impressionnisme) tentent de se démarquer de la photographie qui, en ce début de XXe siècle a fait des progrès techniques importants et existe déjà en couleurs. Dans leur recherche d'inventer une nouvelle forme de peinture, ils tentent de réaliser des tableaux dont les couleurs ne pourront jamais être égalées par la photographie. Pour cela, ils choisissent les teintes les plus vives et les contrastes colorés les plus forts qu'ils peuvent utiliser, n'hésitant pas à changer les couleurs de la réalité (ce qui permet à leurs œuvres d'être encore plus éloignées de la photographie).

HYDE PARK, 1904 – 1906, ANDRÉ DERAIN, (1880-1954), MUSÉE D'ART MODERNE, TROYES

Couleur et émotions. Le choix des couleurs très vives des œuvres de ces peintres ne se fait pourtant pas au hasard. Ils choisissent en effet leurs couleurs, non pas en fonction de celles qu'ils observent sur la réalité, mais en fonction des émotions visuelles que leur procurent les couleurs de la réalité. C'est ainsi qu'un tronc d'arbre, d'ordinaire noir ou marron foncé, peut devenir rouge ou vert, selon la force de l'impact émotionnel que sa lumière et sa couleur ont eu sur l'artiste, au moment de son observation. Cette exacerbation des émotions par la couleur est tellement forte que certains spectateurs de leurs œuvres sont choqués. Ils disent que les couleurs de ces peintres « hurlent » et même « rugissent » comme des fauves. C'est ainsi qu'on se met alors à les appeler, pour se moquer de leurs tableaux trop agressifs. Pour narguer leurs détracteurs (et en même temps pour exprimer leur accord avec les effets agressifs qu'ils souhaitent donner à leur peinture), ces artistes décident alors d'assumer et prendre pour eux cette appellation de « fauves ». C'est ainsi qu'encore aujourd'hui, on les désigne sous le nom de fauvistes.

L'ESTAQUE, GEORGES BRAQUE (1882-1963), MUSÉE DE L'ANNONCIADE, SAINT-TROPEZ.

Une autre œuvre fauviste pour vérifier. Présenter *L'Estaque* (1906) de Georges Braque, et demander de l'observer en silence durant une minute. Laisser ensuite un petit temps d'expression libre aux élèves.

Constater que tout ce qui a été dit au sujet du tableau de Derain est également vrai pour celui-ci. Braque est également un peintre fauviste.

SÉANCE 2 > Compréhension de l'épisode

Objectifs spécifiques

- Comprendre le texte de l'épisode.
- Identifier les émotions des personnages.
- Distinguer les informations les plus pertinentes pour la compréhension de l'histoire.

Matériel

- Extrait de l'épisode (étape 2) (*cf.* Annexes).
- Résumés (*cf.* Annexes).

EN AMONT > Introduction du vocabulaire

Expressions :

- Il fait bon être
- Ne pas savoir où donner de la tête

Vocabulaire du musée : un tableau, une toile, une œuvre, un artiste, une salle, une galerie, les beaux-arts, les impressionnistes, les fauvistes, un décor, un univers (*cf.* séance : Le vocabulaire du musée)

Vocabulaire exprimant une émotion :

- Plainte, mécontent, contrarié
- Il fait bon être, en harmonie, fascinant

Autre :

- Pluvieux, un passant
- Brouhaha, méli-mélo
- Incolore

ÉTAPE 1 > Diapos du début à « ...tableau »

Dire aux élèves qu'ils vont écouter le début de l'histoire et qu'ils devront ensuite restituer ce qu'ils en auront compris.

Faire défiler l'histoire jusqu'à « tableau ».

Questions ouvertes

Demander : « De quoi vous rappelez-vous ? »
Laisser les élèves répondre à l'oral jusqu'à épuisement des propositions.
Demander « Qu'avons-nous oublié de dire ? »
Laisser les élèves répondre à l'oral jusqu'à épuisement des propositions.

S'assurer que les réponses des élèves témoignent de la bonne compréhension :

- des personnages : Edgar ;
- du lieu : un musée.

Compréhension fine : le passage d'un monde à l'autre

Interroger les élèves : « Pourquoi Edgar trouve-t-il le tableau particulier ? »

Redire la phrase : « Quand on regarde de plus près, on peut voir que... ». Demander aux élèves de la compléter, soit à l'écrit (ardoise, cahier de brouillon) soit à l'oral.

Conclure : « Où se trouve désormais Edgar ? »

ÉTAPE 2 > Diapos de « Oh, Edgar... » à « ...aujourd'hui »

Dire aux élèves qu'ils vont écouter la suite de l'histoire et qu'ils devront ensuite restituer ce qu'ils en auront compris.

Faire défiler l'histoire jusqu'à « aujourd'hui ».

Questions ouvertes

Demander : « De quoi vous rappelez-vous ? »
Laisser les élèves répondre à l'oral jusqu'à épuisement des propositions.
Demander : « Qu'avons-nous oublié de dire ? »
Laisser les élèves répondre à l'oral jusqu'à épuisement des propositions.
S'assurer que les réponses des élèves témoignent de la bonne compréhension :

- du lieu où se trouve Edgar : dans le tableau ;
- de son impression en arrivant dans ce lieu ;
- du désarroi partagé des habitants.

Compréhension fine : comprendre les émotions des personnages

Avec des élèves lecteurs, on travaillera sur le tapuscrit de l'extrait (*cf.* Annexes). Avec des élèves non lecteurs on travaillera à l'oral, sur le texte entendu.

Répartir la classe en deux groupes puis demander :

- au 1er groupe de relever dans le texte tous les mots ou passages qui décrivent les impressions d'Edgar ;
- au 2e groupe de relever dans le texte tous les mots ou passages qui décrivent les impressions des habitants.

Laisser un temps de recherche individuel, puis mettre en commun :

Edgar	Les habitants
C'est incroyable ! Monde coloré Univers fascinant Monde magnifique Étrange	C'est la catastrophe Les plaintes Habitants mécontents Bouhouhou Pleurniche Tristes et contrariés

En conclure qu'il y a une opposition entre les premières impressions d'Edgar sur ce monde et l'état d'esprit de ces habitants.

Proposer aux élèves d'imaginer d'autres habitants et de se mettre dans leur peau en inventant un dialogue possible. Par exemple : « Je suis le pharmacien et regardez mes boites de médicaments. Ce n'est pas possible ! ».

Faire parler tous les élèves en même temps pour vivre un brouhaha.

Inviter les élèves à formuler des hypothèses sur la raison du désarroi des habitants.

ÉTAPE 3 > Diapos de « Edgar... » à « ...disparus »

Dire aux élèves qu'ils vont écouter la suite de l'histoire et qu'ils devront ensuite restituer ce qu'ils en auront compris.

Sur l'application faire défiler jusqu'à « disparus ».

Questions ouvertes

Demander : « De quoi vous rappelez-vous ? »
Laisser les élèves répondre à l'oral jusqu'à épuisement des propositions.
Demander « Qu'avons-nous oublié de dire ? »
Laisser les élèves répondre à l'oral jusqu'à épuisement des propositions.
S'assurer que les réponses des élèves témoignent de la bonne compréhension :

- du problème de la disparition de la couleur.

Compréhension fine : l'enquête commence

Demander aux élèves d'identifier le nouveau personnage : l'inspecteur de police.

Échanger sur le rôle d'un inspecteur de police et demander : « Quel est l'enquête que l'inspecteur de police va devoir résoudre ? »

Identifier le rôle d'Edgar et des élèves dans cette enquête.

ÉTAPE 4 > S'assurer de la bonne compréhension de l'ensemble de l'épisode

Réécouter avec l'application l'ensemble de l'épisode.

Distribuer, afficher ou lire quatre propositions de résumé (*cf.* Annexes).

Demander aux élèves de choisir le texte qui résume le mieux l'histoire entendue. Encourager les élèves à justifier leur choix.

Défi

Quelle couleur a disparu ?

Créer et utiliser le cercle chromatique

Quelle couleur a disparu ? Pour pouvoir résoudre ce mystère, il faut connaitre et comprendre les couleurs ; les élèves vont donc être amenés, via une expérimentation, à fabriquer un cercle chromatique. Si l'utilisation de la couleur à des fins expressives est une des bases des arts plastiques, la théorie des couleurs est une connaissance scientifique, de même que la logique de leurs mélanges selon le cercle chromatique. Cette fiche est donc pluridisciplinaire en sciences et en arts. Elle permet d'amener les élèves à construire par eux-mêmes cet élément fondamental de la compréhension des couleurs (modélisé par Johannes Itten en 1961[1], à la suite de recherches datant de la Renaissance et structurées aux XVIIIe et XIXe siècles – Newton, Boutet, Goethe, Chevreul).

Cette séquence s'organise selon une progression en 3 séances, pour une durée indicative de 3h 45mn (2 ou 3 étapes par séance). Une quatrième séance, complémentaire et facultative, est proposée pour affiner les connaissances (2h 10mn environ – 3 étapes).

COMPÉTENCES TRAVAILLÉES	
Questionner le monde (cycle 2)	★ **Pratiquer des démarches scientifiques :** Pratiquer, avec l'aide des professeurs, quelques moments d'une démarche d'investigation : questionnement, observation, expérience, description,raisonnement, conclusion. ★ **S'approprier des outils et des méthodes :** Choisir ou utiliser le matériel adapté proposé pour mener une observation, effectuer une mesure, réaliser une expérience. Manipuler avec soin.
Arts plastiques (cycle 2)	★ **Expérimenter, produire :** Observer les effets produits par ses gestes, par les outils utilisés.

OBJECTIFS PÉDAGOGIQUES
Expérimenter et observer les mélanges de couleurs ★ Mélanger les couleurs et nommer les résultats obtenus. ★ Constater que 3 couleurs ne peuvent s'obtenir par mélange : jaune, rouge et bleu.
Classer les résultats des mélanges ★ Acquérir les notions de couleurs primaires, secondaires et tertiaire. ★ Structurer ces trois classes selon une étoile à six branches. ★ Organiser le cercle chromatique à partir de cette étoile.
Acquérir les éléments essentiels du vocabulaire de la couleur et expérimenter ★ Notion de couleur complémentaire. ★ Notions de nuance et de ton. ★ Arc-en-ciel et blanc en synthèse additive.

SÉANCE 1 › Les couleurs primaires

Lors de cette séance, les élèves vont confronter leurs représentations sur la création des couleurs, d'abord entre eux, puis par comparaison à leurs expérimentations. Ils vont comprendre que les trois couleurs primaires sont des couleurs qu'on ne peut pas fabriquer par mélange.

Objectifs

★ Mélanger les couleurs et nommer les résultats obtenus.
★ Constater que 3 couleurs ne peuvent s'obtenir par mélange : jaune, rouge et bleu.

1. ***L'art de la couleur*** – Johannes Itten (1961)

Matériel

- Peinture : pour un groupe de 4 élèves environ, prévoir une boite de tubes de gouache ou acrylique (au minimum les 3 primaires et les 3 secondaires) ou leur équivalent en godets remplis à partir de flacons grand format.
- Un pinceau par élève.

ÉTAPE 1 > Recueil des représentations et vérification par l'expérimentation

50 min

Explicitation de l'étape : « Pour bien répondre à la question d'Edgar, nous allons d'abord récapituler tout ce que nous savons sur les couleurs et sur la manière de les fabriquer. Puis nous vérifierons si notre savoir est exact et précis en expérimentant avec de la peinture. »

Remue-méninge des couleurs. Inviter les élèves à citer les noms de toutes les couleurs qu'ils connaissent. Les noter au tableau (ou sur un panneau référentiel), les unes au-dessus des autres, en prévision de la réalisation du tableau à double entrée de la phase suivante.

Un tableau à double entrée couleur / mélange. À partir de la liste précédente, tracer un tableau à double entrée sur le modèle ci-dessous.

COULEUR	Quelles couleurs faut-il mélanger pour créer cette couleur ?
VERT	
BLEU	
MARRON	
ROUGE	
JAUNE	
ROUX	
BEIGE	
ORANGE	
GRENAT	
VIOLET	

Prendre en notes les hypothèses de mélanges des élèves, glanées en groupe classe selon les prises de parole de chacun. Dans le cas d'hypothèses différentes pour une même couleur, noter chaque proposition. Éventuellement, noter « aucune hypothèse » si aucun élève n'a de proposition, pour telle ou telle couleur.

Remarque* : *En CE1, cette recherche d'hypothèse peut se réaliser à partir d'une réflexion individuelle, avec prise de note écrite (éventuellement sur le tableau ci-dessus, imprimé et distribué à la classe – augmentation de la durée de la séance en conséquence), avant la mise en commun.

Avertissement pour le noir et le blanc : Si les couleurs NOIR et BLANC ont été citées, expliquer que l'on met pour l'instant de côté ces deux couleurs, afin d'y revenir à la fin de l'activité.

Vérification par l'expérimentation. L'enseignant propose aux élèves, individuellement ou par groupes de 2, de réaliser les mélanges proposés pour toutes les couleurs du tableau. Il est intéressant que toute la classe travaille sur toutes les couleurs, afin de vérifier de manière statistique chacune des hypothèses (un seul essai par couleur risquerait en effet de se solder par une erreur de mélange, qui ferait alors loi de manière erronée).

ÉTAPE 2 > Bilan et émergence de la notion de couleur primaire

20 min

Explicitation de la l'étape : « Maintenant que nous avons expérimenté toutes nos hypothèses, nous allons faire le bilan de nos expérimentations. Ainsi nous allons apprendre deux sortes de choses. La première sera la confirmation des mélanges que nous connaissions déjà. La seconde sera la liste de nos erreurs d'hypothèses, et donc la liste des mélanges qui nous restent à expérimenter. »

Bilan des expérimentations. Inviter chaque élève (ou groupe de 2) à exposer le résultat de ses expérimentations, et valider ou infirmer ainsi les hypothèses. La liste des couleurs dont les hypothèses de mélange se sont avérées erronée est dressée à part.

Focus - Trois couleurs n'ont pas pu être créées par mélange. Conclure de cet exercice que trois couleurs, le jaune, le rouge et le bleu n'ont pas pu être créées par mélanges (il se peut qu'à leur sujet ait été préalablement noté « aucune hypothèse » lors de la séance précédente). Faire remarquer que ces trois couleurs sont souvent nommées comme composantes des autres mélanges.

Expliquer que, pour les raisons qui viennent d'être précisées, on nomme « couleurs primaires » ces trois couleurs. Noter enfin au tableau les deux caractéristiques qui définissent les trois couleurs primaires :

1. **On ne peut pas fabriquer les 3 couleurs primaires par mélange d'autres couleurs.** Il faut avoir ces couleurs déjà prêtes dans sa boîte de peintures.
2. **Les trois couleurs primaires, par mélanges divers, donnent toutes les autres couleurs.** C'est ce point qui sera développé dans la séance suivante.

Préciser (sans aller au-delà car cela relève d'un niveau supérieur au cycles 2 et 3) que les noms exacts des trois couleurs primaires sont le jaune, le magenta (rouge primaire) et le cyan (bleu primaire).

Si d'autres hypothèses de mélanges se sont avérées erronées, préciser aux élèves que la séance suivante permettra de connaitre la manière de corriger ces erreurs.

SÉANCE 2 > L'étoile des couleurs primaires, secondaires et tertiaires

Cette séance permet de construire la base des sept grandes classes de couleurs qui sont à l'origine de l'organisation du cercle chromatique : la présentation en étoile de ces sept couleurs. Elle est travaillée en groupe classe.

Objectifs

- Acquérir les notions de couleurs primaires, secondaires et tertiaire.
- Structurer ces trois classes selon une étoile à six branches.

Matériel

- Peinture : pour un groupe de 4 élèves environ, prévoir une boite de tubes de gouache ou acrylique (au minimum les 3 primaires et les 3 secondaires) ou leur équivalent en godets remplis à partir de flacons grand format.
- Un pinceau par élève.

ÉTAPE 1 > L'étoile des 3 primaires et des 3 secondaires (10 min)

Explicitation de l'étape : « Durant cette étape, nous allons apprendre à organiser visuellement nos découvertes de la séance précédente, afin de pouvoir les mémoriser facilement. »

Le triangle des primaires. Question à la classe : « Nous avons trois couleurs primaires. À quelle forme géométrique fait penser le chiffre 3 ? ». Une fois que les élèves ont trouvé le mot triangle, tracer au tableau un triangle équilatéral, pointe vers le haut, et écrire le nom des couleurs jaune, rouge et bleu à chacun de ses sommets (*cf.* schéma ci-dessous).

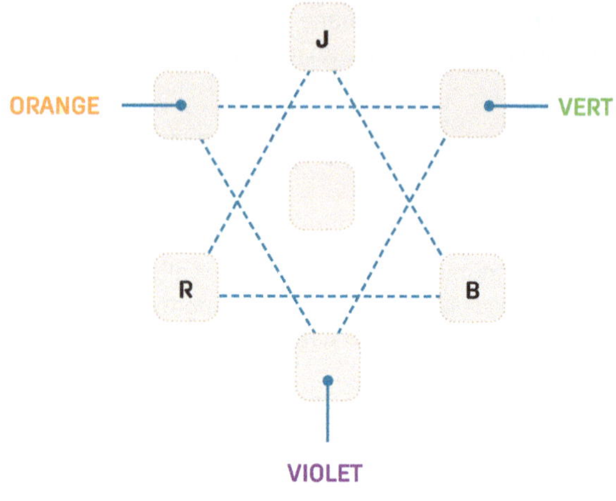

Le contre triangle des secondaires et l'étoile des couleurs. Récapituler avec les élèves, notamment à partir des travaux de la séance précédente, ce qui a été évoqué au sujet des couleurs primaires mélangées deux à deux. Expérimenter éventuellement (par un seul élève devant la classe) des mélanges, si certaines difficultés ou interrogations subsistent.

Placer les trois couleurs trouvées par mélange deux à deux au niveau du triangle des primaires, selon le schéma ci-dessous (collage de morceaux découpés dans les touches de couleurs créées).

Désigner ces trois couleurs comme des « couleurs secondaires » (puisque réalisées à l'aide de 2 couleurs).

ÉTAPE 2 > Et au centre de l'étoile ? 35 min

Explicitation de l'étape : « Cette étape va nous permettre d'apprendre le nom et les qualités de la dernière grande catégorie de couleur, que nous placerons ensuite au centre de l'étoile des couleurs. »

Et au centre de l'étoile ? Questionner les élèves : « Si on place une couleur au centre de l'étoile, de quels mélanges sera-t-elle le résultat ? » Trois réponses sont possibles et acceptables de la part des élèves :

- mélange des 3 couleurs primaires,
- mélange des 3 couleurs secondaires,
- mélange des 6 couleurs de l'étoile.

Proposer alors aux élèves d'émettre des hypothèses sur le type de couleur qui sera créé par les mélanges proposés. Noter les hypothèses au tableau.

Expérimentation. Individuellement ou par groupes de 2 ou 3, inviter les élèves à réaliser les mélanges proposés, et en laisser une trace sur une feuille de papier (un ou plusieurs « macarons » de couleurs). Les résultats sont affichés au tableau.

Conclusion sur les bruns (couleurs tertiaires). Constater que toutes les couleurs trouvées, si elles sont souvent légèrement différentes, sont des marrons, que l'on peut aussi nommer « bruns ». Constater également que la plupart des résultats sont des bruns assez foncés. Certains élèves ont également pu obtenir un brun très proche du noir.

À partir des mots « primaires » et « secondaires », appris lors des recherches précédentes, faire déduire par les élèves la dénomination générique de cette dernière classe de couleurs, trouvée par le mélange de trois couleurs : « couleur tertiaire ».

Complément : le noir et le blanc théoriques. Expliquer que les différences entre les bruns trouvés sont les conséquences de la quantité de chacune des trois couleurs mélangées initialement. Rajouter que si les trois couleurs sont mélangées avec exactement la même dose de chacune d'entre elles, on obtient théoriquement du noir.

Revenir à ce sujet sur l'éventuelle « mise de côté » du noir et du blanc en début d'activité (*cf.* « Avertissement », séance 1), et préciser que c'était pour les retrouver dans la séance présente qu'ils avaient été réservés. Conclure qu'une couleur n'a jamais été nommée depuis le début, le blanc. Indiquer que cette couleur ne peut être fabriquée par mélange, comme les couleurs primaires, mais qu'à la différence du jaune, du rouge et du bleu, le blanc ne permet pas d'obtenir de nouvelles couleurs secondaires, raison pour laquelle il ne peut pas être intégré dans l'étoile. Faire noter également que le blanc est la couleur du papier sur lequel toutes les recherches ont été faites. C'est en quelque sorte la « couleur zéro », avant les « couleurs 1 » que sont les primaires, ou les « couleurs 2 » et « couleurs 3 » que sont respectivement les secondaires et les tertiaires.

SÉANCE 3 > Le cercle chromatique

Il s'agit ici de « couronner » le triangle des couleurs d'un cercle qui permettra de visualiser les différentes nuances des couleurs secondaires, et leur mise en ordre selon un passage progressif d'une secondaire à une primaire puis à une autre secondaire, selon un schéma circulaire mis en évidence par le cercle chromatique. Les élèves travaillent en binôme pour organiser les nuances des couleurs secondaires.

Objectifs

- Organiser le cercle chromatique à partir de cette étoile.
- Analyser une œuvre du patrimoine artistique à l'aide du cercle chromatique.

Matériel

- Le cercle chromatique (*cf.* Annexes) au format A3 (1 exemplaire pour 2 élèves).
- L'œuvre *Jaune, rouge, bleu* (1925) de Vassily Kandinsky (*cf.* Annexes)

ÉTAPE 1 > Récolter le maximum de mélanges 45 min

Explicitation de l'étape : « Aujourd'hui, nous allons apprendre à réaliser le maximum de couleurs secondaires à partir du mélange de deux couleurs primaires. »

Constater la diversité des couleurs trouvées par mélange. Remettre au tableau tous les essais de la séance d'expérimentation du début de cette progression. Constater qu'il y a des nuances de secondaires plus proches de l'une des deux primaires de base, et d'autres plus proches de l'autre primaire (par exemple, des oranges plus jaunes et des orangés plus rouges). À partir de ce constat, classer sommairement ces couleurs selon leur catégorie de « proximité primaire » : « secondaire orange-jaune », « secondaire orange-rouge », « secondaire verte-bleue », « secondaire verte-jaune », « secondaire violette-bleue », « secondaire violette-rouge » et éventuellement « tertiaire brune-jaune », « tertiaire brune-rouge », « tertiaire brune-bleue ».

Réaliser le maximum de couleurs différentes. Diviser la classe en trois groupes à peu près équivalents et désigner le groupe « orange », le groupe « vert » et le groupe « violet ». Dans chaque groupe, organiser des binômes. Chaque binôme a pour consigne de réaliser le maximum de nuances différentes de la couleur secondaire de son groupe. Chaque couleur sera sauvegardée sous la forme d'un petit « macaron » de 3 ou 4 cm de diamètre, ces « macarons » étant disposés les uns à côté des autres sur une feuille de format A3 (une feuille par binôme).

Découverte de la diversité des réponses. Afficher toutes les productions au tableau et constater la très grande diversité des couleurs créées. S'intéresser plus précisément à deux phénomènes :

- au sein d'un même groupe de secondaire (vert, orange ou violet), repérer les nuances qui ont été trouvées par plusieurs binômes différents ;
- au sein de groupes de secondaire (vert, orange ou violet) différents, repérer les nuances très proches, comme par exemple un vert très jaune et un orange également très jaune, ou un violet très bleu et un vert également très bleu...

Temps intermédiaire : séchage des essais.

ÉTAPE 2 > Découper et classer sur le cercle chromatique (50 min)

Explicitation l'étape : « Durant cette étape, nous allons apprendre à classer avec rigueur toutes les différentes couleurs secondaires que nous avons trouvées. »

Découvrir le cercle chromatique et découper les nuances à la taille des cases de ce cercle. Utiliser les réflexions de la phase précédente au sujet de la proximité de certaines couleurs d'un groupe de secondaire avec celles d'un autre groupe pour amener l'idée d'une continuité d'un groupe de secondaire à l'autre, et en fin de compte la cyclicité de ces nuances colorées. Présenter alors le cercle chromatique à remplir, et y faire retrouver l'étoile des couleurs au centre.

Demander alors à chaque binôme de découper, dans chacun des « macarons » de couleur qu'il a réalisé, un petit échantillon de forme approximativement carrée ou rectangulaire, à l'échelle des cases du cercle chromatique.

Coller et classer. Une fois tous les échantillons réalisés, regrouper les binômes par 3, avec un binôme de chaque groupe de secondaire, et donner à chaque groupe de 6 élèves un cercle chromatique au format A3 à remplir. Inviter les élèves à les disposer alors à leur place sur le cercle coloré, du plus proche de la « primaire 1 » au plus proche de la « primaire 2 » (donc, pour chaque binôme issu d'un groupe de secondaire, du plus bleu au plus jaune pour le groupe vert, du plus jaune au plus rouge pour le groupe orange et du plus rouge au plus bleu pour le groupe violet). Les élèves peuvent les coller après validation par l'enseignant.

Comparer les résultats. Afficher tous les cercles chromatiques au tableau, pour à nouveau constater la grande diversité des nuances réalisées. Imaginer la possibilité d'un grand cercle chromatique collectif qui intègrerait toutes les couleurs de tous les binômes.

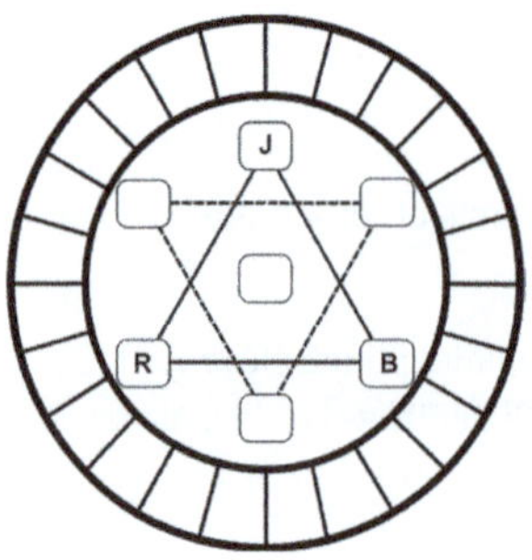

Cercle chromatique vierge

Éléments de couleurs découpés dans les « macarons » et collés à leur place par les élèves

ÉTAPE 3 > Découverte du tableau *Jaune, rouge, bleu* de Vassily Kandinsky (1925)

15 min

Explicitation de l'étape : « Durant cette étape, nous allons apprendre à retrouver tout ce que nous savons sur la couleur dans une œuvre d'art. »

VASSILY KANDINSKY : *JAUNE, ROUGE ET BLEU*, 1925, MUSÉE NATIONAL D'ART MODERNE

Découvrir l'œuvre et réfléchir pour soi. Présenter le tableau aux élèves en leur demandant de l'observer en silence durant une minute. Les laisser s'exprimer librement durant deux minutes, puis demander à chacun de noter (dans sa tête pour les CP, sur le cahier de brouillon pour les CE1), les couleurs primaires, secondaires et tertiaires qu'il reconnait.

Observer et commenter. Chaque élève dit ce qu'il a mémorisé ou noté à propos des couleurs. Conclure sur le fait que les 3 primaires sont visibles de gauche à droite (dans l'ordre du titre), que l'orangé est visible au centre, à proximité du rouge (mais pas en grande quantité) et que le violet et le jaune sont chacun dans les formes et dans le fond des deux extrémités gauche et droite du tableau. Noter enfin que ce tableau présente assez peu de couleurs tertiaires.

SÉANCE 4 > Acquérir les éléments essentiels du vocabulaire de la couleur et expérimenter

***Remarque* : Cette dernière séance sous forme de travail individuel est facultative.**

Johannes Itten, lorsqu'il propose ce cercle chromatique dans son ouvrage *L'art de la couleur*, en 1961, reprend des travaux sur la couleur commencés bien avant lui, et notamment ceux de Michel-Eugène Chevreul (1786-1889) sur la notion de couleur complémentaire. La présentation sous forme de cercle, telle qu'Itten la propose, permet en effet de bien visualiser quelles couleurs sont complémentaires entre elles. Cette séance permet de développer et d'approfondir cette notion avec les élèves, et également de l'élargir à deux mots importants du vocabulaire de la couleur, la nuance et le ton. Enfin, les élèves pourront également croiser quelques informations scientifiques sur la seule couleur qui n'a pas été véritablement étudiée jusqu'ici, le blanc, à travers notamment le cercle des couleurs de Newton.

Objectifs

- Acquérir les éléments essentiels du vocabulaire de la couleur et expérimenter.

Matériel

- Le cercle chromatique (*cf.* Annexes) à remplir, au format A3 (1 exemplaire pour 2 élèves).
- Photographie d'un arc-en-ciel (*cf.* Annexes).

ÉTAPE 1 > Couleurs complémentaires

65 min

Explicitation de l'étape : « Durant cette étape, nous allons apprendre ce que sont les couleurs complémentaires et ce que signifie le mot "contraste". Une fois que nous aurons appris tout cela, nous l'appliquerons à une petite production en arts plastiques. »

Définir et repérer. Trois apprentissages sont à organiser et travailler durant cette phase : la définition de la notion de couleur complémentaire ; la notion de contraste ; le repérage des couleurs complémentaires sur le cercle chromatique.

Définir la notion de couleur complémentaire. Un bon moyen d'expliquer ce qu'on entend par couleur complémentaire est de revenir à l'étoile des couleurs vue en séance 2. Proposer aux élèves l'énigme suivante : « Si je choisis une couleur primaire, par exemple le rouge, quelle est la couleur du cercle chromatique qui lui ressemble le moins ? »

Laisser les élèves réfléchir et proposer des solutions. Valoriser les réponses de ceux qui auront dit « le vert ». Faire expliciter leur réflexion et leur démarche. Conclure en disant que l'on a trouvé le vert en mélangeant les 2 autres couleurs primaires (le jaune et le bleu), ce qui est le meilleur moyen de réaliser une couleur ressemblant le moins possible au rouge. Expliquer qu'on appelle « couleurs complémentaires » les deux couleurs qui se ressemblent le moins. Préciser que ces couleurs se complètent, à partir des primaires, puisque, par exemple, le vert est bien le résultat du mélange des deux autres couleurs qui complètent le triangle des primaires. La complémentaire d'une couleur primaire est une couleur secondaire (et vice-versa). Donc :

- Le rouge et le vert sont complémentaires.
- Le bleu et l'orange sont complémentaires.
- Le jaune et le violet sont complémentaires.

Aborder la notion de contraste. Faire remarquer que deux couleurs complémentaires étant celles qui se ressemblent le moins entre elles, lorsqu'on les met par exemple l'une sur l'autre, chacune rend l'autre très visible. Utiliser les restes des découpages de couleur de la séance de création du cercle chromatique pour réaliser l'essai devant les élèves, par exemple en plaçant un élément (tache ou objet) rouge sur un élément orangé, et ensuite ce même élément rouge (tache ou objet) sur un élément vert. Constater que c'est quand il est sur le vert que le rouge est le plus visible. Expliquer que quand une couleur fait ainsi ressortir une autre couleur, on parle de contraste. Compléter en expliquant que les couleurs complémentaires sont celles qui contrastent le plus entre elles.

Revenir sur le tableau *Jaune, rouge, bleu* de Kandinsky, et constater que dans la partie gauche, la dominante jaune des formes est mise en valeur, par contraste des complémentaires, par un fond à dominante violette. Noter qu'on retrouve le même contraste de complémentaire jaune-violet dans la partie droite du tableau, où cette fois c'est le fond qui est jaune et les formes qui sont à dominante violette.

Repérer les couleurs complémentaires sur le cercle chromatique. Sur le cercle chromatique, rechercher le rouge et le vert, le bleu et l'orangé, et le jaune et le violet. Constater qu'ils sont diamétralement opposés.

Noter alors au tableau la règle qu'instaure la présentation du cercle chromatique : Pour trouver la couleur complémentaire d'une couleur sur le cercle coloré, il faut rechercher celle qui lui est diamétralement opposée.

Appliquer sur une petite création – partie 1. Proposer de dessiner librement un personnage, de l'habiller avec des nuances d'une même couleur au choix (coloriage aux feutres ou crayons de couleurs).

Appliquer sur une petite création – partie 2. Proposer ensuite d'inventer un décor simple derrière ces personnages (maisons, arbres, montagnes...), et de colorier ce décor (feutres ou crayons de couleurs) avec les couleurs complémentaires des nuances de ses habits, pour qu'il soit fortement mis en valeur (qu'il « ressorte »), par contraste.

Comparer les productions et commenter. Afficher les productions au tableau. Amener les élèves à expliciter leur démarche (recherche et choix des couleurs), à vérifier la qualité des contrastes, et à exprimer leurs émotions devant les productions.

ÉTAPE 2 > Nuances et tons

55 min

Explicitation de l'étape : « Durant cette étape, nous allons apprendre à intégrer le noir et le blanc aux nuances que nous avons réalisées lors des séances précédentes, et nous allons apprendre un nouveau mot de vocabulaire, celui de ton[1] d'une couleur. »

Définir et repérer. Faire récapituler aux élèves le fait que si les couleurs ont été très travaillées depuis le début de la progression, deux d'entre elles ont été peu citées et utilisées, le blanc et le noir. Expliquer que pour chacune des couleurs du cercle coloré, on peut introduire du noir et du blanc. Faire déduire que lorsqu'on introduit du noir, la couleur est foncée, et lorsqu'on introduit du blanc, elle est éclaircie. **Donner alors les deux définitions suivantes :**

- quand on mélange les couleurs entre elles sans intégrer de noir ni de blanc, on crée des nuances ;
- quand on intègre à ces nuances du noir ou du blanc, on crée des tons. Il existe donc des tons clairs et des tons foncés pour une même nuance. Un ton foncé est également appelé ton descendu, et un ton clair est également appelé ton monté.

Appliquer sur une petite création. Reprendre le dessin du personnage de l'étape précédente. Ses habits sont alors colorés, à la peinture, par le choix d'une nuance, et la déclinaison de ses tons montés et descendus.

1. La notion de ton est en réalité très vaste et assez polysémique. Il est proposé ici de l'utiliser dans un sens précis, permettant de faire la différence entre les couleurs n'intégrant ni blanc ni noir (les nuances) et celles qui intègrent le noir ou le blanc (les tons).

Avertissement : Prévenir les élèves que pour descendre un ton, il faut ajouter très peu de noir, car dès qu'il y en a trop, tout devient noir !

Comparer les productions et commenter. Afficher les productions au tableau. Amener les élèves à expliciter leur démarche (recherche et choix des tons) et à exprimer leurs émotions devant les productions.

ÉTAPE 3 > Arc-en-ciel (10 min)

Explicitation de l'étape : « Pour cette étape, nous allons revenir d'une part sur l'étoile des couleurs primaires et secondaires, et d'autre part sur la couleur que l'on a le moins vue et utilisée depuis le début, le blanc, et apprendre ses particularités. »

Observer et rechercher. Montrer (ou projeter) l'image en couleur d'un arc-en-ciel (cf. Matériel) à côté du triangle des couleurs primaires et secondaires, et demande aux élèves ce qu'ils remarquent.

Il apparait évident que les couleurs de l'arc-en-ciel sont précisément celles de l'étoile des couleurs primaires et secondaires, placées dans un ordre particulier (de l'intérieur vers l'extérieur de l'arc de cercle) : violet-bleu-vert-jaune-orange-rouge. Expliquer que ce que l'arc-en-ciel montre, c'est une sorte de preuve que toutes les couleurs dérivent des 3 primaires et des 3 secondaires.

Arc-en-ciel et Isaac Newton. Pour information seulement, visionner l'une des deux vidéos ci-après, qui montrent que, quand on mélange la lumière des couleurs, comme sur le cercle de Newton, on obtient du blanc. Rappeler que lorsqu'on a mélangé, à l'occasion de la création du cercle chromatique, la matière des couleurs (la peinture, qui est une matière), on avait obtenu des marrons, et même du noir. Le blanc, c'est le mélange de la lumière des 6 couleurs primaires et secondaires et le noir, c'est le mélange de leur matière (peinture, pastel, feutre, crayon de couleur).

Cercles des couleurs de Newton sur Internet :
https://www.youtube.com/watch?v=wWzHuls8hvQ
https://www.youtube.com/watch?v=lQKzB9ZVLnc

SÉANCE 5 > Relever le défi

Objectifs
- S'appuyer sur des critères pour effectuer un choix.

Matériel
- Tablette.

En groupe classe, expliquer aux élèves qu'ils vont maintenant devoir utiliser le cercle chromatique pour s'assurer de la couleur manquante.

Reprendre avec les élèves une à une toutes les diapositives de l'aventure qui présentent des éléments ayant perdu leur couleur. Utiliser le cercle chromatique pour lister toutes les nuances de couleurs secondaires visibles sur ces images, et en déduire la couleur manquante… le violet !

RÉPONSE AU DÉFI : À VOUS DE JOUER !

Proposer à un élève d'enregistrer la réponse dans l'histoire, comme l'y invite Edgar.

Bravo, le 1er défi est relevé !

Annexes Défi 1

Compréhension de l'histoire / Vocabulaire du musée. L'impressionnisme et le fauvisme

Œuvres impressionnistes

Meules, fin de l'été, 1890,
Claude Monet (1840-1926),
MUSÉE D'ORSAY, PARIS

La Montagnes Sainte-Victoire vue des Lauves, 1902 – 1906,
Paul Cézanne (1839-1906),
KANSAS CITY (MISSOURI), THE NELSON- ATKINS MUSEUM OF ART

Œuvres à télécharger en format A4 sur Lea.fr

Annexes Défi 1

Compréhension de l'histoire / Vocabulaire du musée. L'impressionnisme et le fauvisme

Œuvres fauvistes

Hyde Park, 1904 – 1906,
André Derain, (1880-1954),
MUSÉE D'ART MODERNE, TROYES

L'Estaque,
Georges Braque (1882-1963),
MUSÉE DE L'ANNONCIADE, SAINT-TROPEZ

Œuvres à télécharger en format A4 sur Lea.fr

Annexes Défi 1

Compréhension de l'histoire /Épisode 1

Texte de l'épisode 1

Aujourd'hui est un de ces dimanches pluvieux où il fait bon être au musée plutôt qu'au parc. C'est donc au musée des Beaux-arts que se trouve Edgar. Il découvre cet après-midi les œuvres des plus grands peintres : Monet, Van Gogh, Matisse, Braque, Derain... C'est fascinant !

Entre la galerie des impressionnistes et juste avant celle des artistes fauvistes, il y a une petite salle avec un tableau vraiment particulier. Il semble si réel. Quand on regarde de plus près, on peut voir que... Oui, c'est un passage ! Edgar, qui est très curieux, décide de passer une patte et il est soudain comme aspiré par le tableau.

Oh, Edgar est maintenant dans le tableau. C'est incroyable ! Ce monde est aussi coloré que l'ensemble des toiles du musée. « Puisque je suis ici, je vais en profiter pour découvrir ce nouvel univers fascinant. Suivez-moi petits aventuriers ! »
« Regardez, ce monde est magnifique, mais il y a quelque chose d'étrange dans ce décor. Vous ne trouvez pas ? »

Alors qu'Edgar se questionne, le fleuriste vient à sa rencontre. « Ah, vous aussi vous vous demandez ce qu'il se passe. Regardez, mon bouquet a perdu ses belles couleurs sans raison. C'est la catastrophe ! »

Les plaintes du fleuriste attirent rapidement d'autres habitants mécontents. « Et moi, regardez mon livre ! », dit un passant. « Je ne comprends pas, mon chapeau favori est désormais incolore ! », explique la dame. « Mon doudou bouhouhou », pleurniche un petit garçon.

Mais que se passe-t-il ? On entend soudain au loin un brouhaha qui s'élève. Edgar décide d'aller voir... Peut-être pourra-t-il trouver des informations ? « Les habitants de cet univers semblent tous bien tristes et contrariés aujourd'hui. »

Edgar ne sait plus où donner de la tête. Certains habitants sont tristes, d'autres en colère ou encore paniqués. Quel méli-mélo d'émotions ! Soudain, l'inspecteur de police prend la parole. « Chers habitants, à l'évidence, une couleur a disparu ! » Le silence se fait alors, c'est une catastrophe !

C'est donc ça qui semble si étrange dans ce paysage ! Il manque une couleur pour que l'harmonie soit parfaite. « Mais quelle couleur ? », se demande Edgar. Petits aventuriers, à votre avis, quelle couleur a disparu ?

Exercice – Résumés

Choisis le bon résumé. Explique ton choix.

A. Edgar est au musée. Il le visite et admire de très beaux tableaux colorés. Les habitants du musée n'apprécient pas les tableaux.	**B.** Edgar est entré à l'intérieur d'un tableau. Il y découvre un monde merveilleux. Mais les habitants de ce monde sont inquiets car une couleur a disparu.
C. Edgar vit dans un monde merveilleux et coloré. Mais les habitants de ce monde sont inquiets car une couleur a disparu.	**D.** Edgar est entré à l'intérieur d'un tableau. Il y découvre un monde merveilleux. Mais les habitants de ce monde sont inquiets car ils ne peuvent plus faire leurs courses.

Annexes Défi 1

Le défi

Cercle chromatique

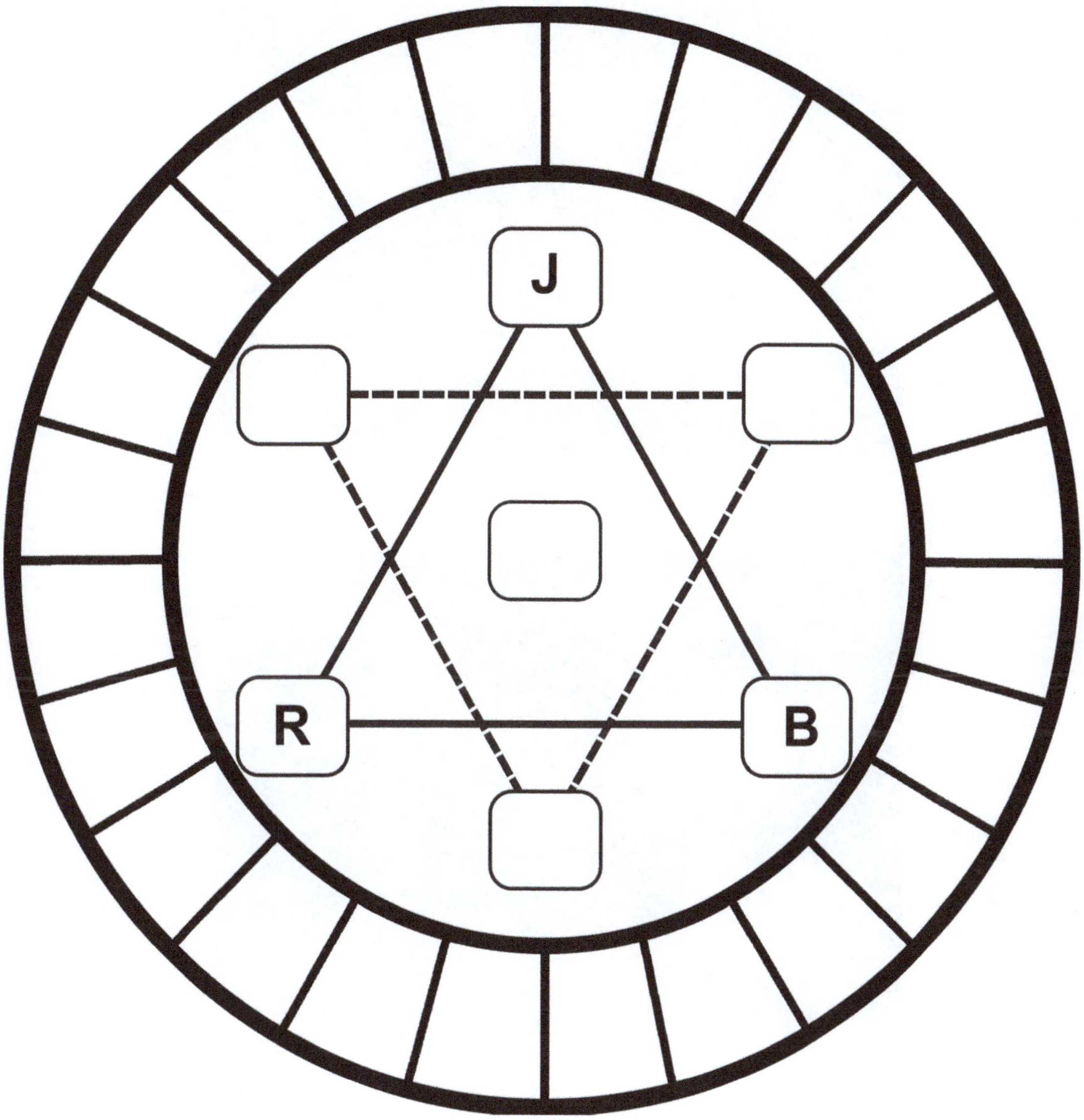

Documents à télécharger en format A4 sur Lea.fr

Annexes Défi 1
Le défi

Vassily Kandinsky : *Jaune, Rouge et Bleu, 1925,*
MUSÉE NATIONAL D'ART MODERNE

Arc-en-ciel

Documents à télécharger en format A4 sur Lea.fr

DÉFI 2
QUI EST LE VOLEUR ?

2 SÉQUENCES

- ★ Compréhension de l'histoire : épisode 2
- ★ Le défi à relever

Compréhension de l'histoire

Épisode 2 : l'enquête peut commencer

Texte de l'épisode 2

« Oui, c'est ça ! Le violet a disparu, cela semble évident maintenant », se réjouit le fleuriste. Bien joué les amis, la première partie de l'enquête est bouclée.

L'inspecteur félicite Edgar. « Très bien, mais l'enquête ne fais que commencer. Maintenant nous devons trouver qui a dérobé cette couleur et pour quelle raison ce vol a-t-il été commis. Mais par où commencer ? » « C'est un cauchemar! », s'écrit la pauvre Madame Soleil.

Les habitants sont dépités. L'inspecteur ajoute : « Cette enquête va nous donner du fil à retordre. Il nous faut trouver des témoins et des indices. Qui a vu quelque chose ? Quelqu'un a-t-il une idée de ce qui s'est passé ou de l'identité du voleur ? »

Brouhaha. Chacun donne son avis sans écouter les autres. Madame Soleil dit avoir vu un animal s'enfuir, Monsieur Corail affirme que c'était un personnage imaginaire, comme dans les contes. Et Monsieur Azur est sûr d'une chose : ce n'est ni un animal, ni un personnage de conte. C'est un vrai bazar tout à coup, on ne comprend personne.

Edgar intervient. « J'ai une idée. Que chacun écrive sur une feuille son hypothèse, puis nous essayerons calmement de résoudre ce mystère. » C'est une bonne idée, ça ! Chacun écrit alors sur un morceau de papier l'identité supposée du voleur puis essaye de trouver les raisons de ce vol.

Vous aussi, petits aventuriers, tentez de percer ce mystère. À votre avis, qui a pu voler cette couleur et pourquoi ?

À vous de jouer ! La solution n'est pas sur l'écran. À vous d'imaginer et d'écrire votre propre hypothèse. À votre avis, qui est le voleur Et pourquoi a-t-il volé la couleur ? Une fois votre rédaction terminée, prenez-la en photo pour que l'histoire continue. Enregistrez ensuite une phrase pour présenter votre hypothèse à Edgar.

Alors, quelle est votre hypothèse ? Dites-la moi, je vous écoute.

Objectifs spécifiques

- Comprendre le texte de l'épisode.
- Identifier les intentions des personnages.
- Restituer sa compréhension en mettant en scène l'épisode.

Matériel

- Tablette.
- Masques et marottes (*cf.* Annexes).

EN AMONT > Introduction du vocabulaire

Expressions :
- Donner du fil à retordre
- Boucler une enquête

Vocabulaire du genre policier :
- Commettre un vol, dérober
- Une enquête, un indice, un témoin, une hypothèse, l'identité

Vocabulaire exprimant une émotion :
- Se réjouir, être dépité
- Il fait bon être, en harmonie, fascinant

ÉTAPE 1 > Diapos de « Oui c'est ça ... » à « ... Madame Soleil »

Dire aux élèves qu'ils vont écouter la suite de l'histoire et qu'ils devront ensuite restituer ce qu'ils en auront compris.

Faire défiler l'histoire jusqu'à « Madame Soleil ».

Questions ouvertes

Demander : « De quoi vous rappelez-vous ? »
Laisser les élèves répondre à l'oral jusqu'à épuisement des propositions.
Demander : « Qu'avons-nous oublié de dire ? »
Laisser les élèves répondre à l'oral jusqu'à épuisement des propositions.
S'assurer que les réponses des élèves témoignent de la bonne compréhension :
- de l'avancée de l'enquête et de ce qu'il reste à identifier.

Compréhension fine : le problème persiste

Interroger les élèves : « Pourquoi Madame Soleil pense-t-elle que c'est un cauchemar ? »

Relever les hypothèses des élèves. Leur demander de justifier leurs réponses.

S'assurer que les élèves comprennent que même si le violet a été identifié, cette couleur reste absente de l'univers dans lequel les personnages évoluent et que c'est un problème pour eux.

En conclure que l'enquête ne fait que commencer.

ÉTAPE 2 > Diapos de « Les habitants ... » au défi

Dire aux élèves qu'ils vont écouter la suite de l'histoire et qu'ils devront ensuite restituer ce qu'ils en auront compris.

Faire défiler l'histoire jusqu'au défi.

Questions ouvertes

Demander : « De quoi vous rappelez-vous ? »
Laisser les élèves répondre à l'oral jusqu'à épuisement des propositions.
Demander : « Qu'avons-nous oublié de dire ? »
Laisser les élèves répondre à l'oral jusqu'à épuisement des propositions.
S'assurer que les réponses des élèves témoignent de la bonne compréhension :
- des demandes de l'inspecteur et d'Edgar ;
- des témoignages des habitants.

Compréhension fine : Edgar s'impose

Interroger les élèves : « Pourquoi Edgar donne-t-il une feuille à chacun ? »

Relever les hypothèses des élèves. Leur demander de justifier leurs réponses.

Amener les élèves à comprendre que la feuille permet non seulement à Edgar de prendre connaissance des témoignages de chacun mais également de prendre en main l'enquête et d'avoir une autorité sur les habitants (il fait cesser le brouhaha).

ÉTAPE 3 > S'assurer de la bonne compréhension de l'ensemble de l'épisode

Réécouter avec l'application l'ensemble de l'épisode.

Dire aux élèves qu'ils vont jouer la scène.

Lister les personnages présents : Edgar, l'inspecteur, Madame Soleil, le fleuriste, Monsieur Corail, Monsieur Azur, des habitants.

Rappeler avec les élèves ce qu'ils devront restituer : la chronologie de l'extrait, les émotions des personnages, les indices dévoilés, l'impression de brouhaha.

Répartir les élèves en groupes de 8 à 10 enfants. Leur demander de se distribuer les rôles et de préparer une saynète restituant l'épisode. Les élèves peuvent créer leurs propres dialogues, il n'est pas nécessaire de réciter le texte original. Il n'y a pas de narrateur. Les élèves peuvent également utiliser des accessoires et disposer de masques ou de marottes (*cf.* Annexes).

Faire jouer chaque groupe devant le reste de la classe et s'assurer que la représentation respecte les critères préalablement énoncés.

Le défi

Qui est le voleur ?

Imaginer et rédiger un récit

Pour relever ce défi, les élèves vont devoir imaginer un récit dans lequel ils désigneront le suspect et décriront le mobile relatif au vol de la couleur violette. Pour identifier le voleur potentiel, les témoignages des personnages de l'histoire orientent sur trois pistes :

- Le suspect est un personnage de conte (Option A).
- Le suspect est un animal (Option B).
- Le suspect n'est ni un animal, ni un personnage de conte (Option C).

Chacune de ces trois options mènera à un déroulé différent de l'histoire (Options A, B et C). Il est possible, à l'issue du parcours, de revenir sur le défi afin de proposer une nouvelle solution et de découvrir une suite alternative.

En fonction de l'organisation retenue, on choisira de suivre un même indice pour l'ensemble de la classe, ou on permettra à chaque groupe, voire à chaque élève individuellement, de travailler sur l'option de son choix.

Le rendu du défi prendra la forme d'une rédaction détaillant le profil du suspect ainsi que les raisons pour lesquelles il a volé la couleur. Cet écrit est pris en photo dans l'application pour être transmis à Edgar. Il est ensuite demandé d'enregistrer une phrase résumant l'identité du suspect et son mobile.

Ce défi s'inscrit donc dans le domaine de la rédaction en français. On respectera pour l'écrit les attendus et les repères de progressivité propres au niveau des élèves :

- Rédaction d'une phrase ou d'un court texte sous la forme de la dictée à l'adulte.
- Rédaction d'une phrase de manière autonome.
- Rédaction d'un court texte cohérent.
- Rédaction d'un texte cohérent, enrichi et argumenté

L'objet des séances préparant au défi est d'accompagner l'ensemble de la démarche d'écriture. Il s'agira pour les élèves de bien comprendre et analyser les attendus du sujet, d'identifier les éléments essentiels qui devront figurer dans le texte, de sélectionner les idées pertinentes et cohérentes, d'ouvrir le champ des possibles pour trouver l'inspiration.

Les séances préalables permettront également de concevoir les outils pour écrire (lexique du genre policier, répertoire de mots) qui permettront aux élèves de rédiger de manière autonome.

Les séances de réécriture s'appuieront sur une lecture et une analyse partagée des textes entre pairs. Ainsi les élèves pourront mesurer l'effet de leur écrit sur le lecteur et prendre en compte ses remarques pour le retravailler. La réécriture portera davantage sur les aspects textuels que sur la correction orthographique : développer une idée, préciser un élément, expliciter les liens de causalité, donner de la cohérence au propos, donner corps à un personnage, enrichir le récit…

Le défi sera validé si le texte produit est cohérent, si le suspect est conforme à l'indice choisi et si ses caractéristiques, son histoire et ses agissements sont bien en rapport avec le vol de la couleur et l'expliquent. Il n'y a pas d'attendu spécifique ni de solution unique quant à l'identification d'un suspect précis et de son mobile. Les élèves peuvent laisser libre court à leur imagination. Une pluralité de réponses est donc possible, y compris dans le rendu du texte qui peut prendre la forme d'une rédaction classique, mais également d'une bande dessinée ou d'un dessin légendé. Ici encore c'est la capacité des élèves à se saisir des éléments de l'histoire pour les mettre au service de leur créativité qui sera encouragée.

COMPÉTENCES TRAVAILLÉES	
Français Cycle 2	**Écrire :** ★ Rédiger un texte cohérent, organisé, ponctué, pertinent par rapport à la visée et au destinataire. ★ Mettre en œuvre une démarche d'écriture de textes : trouver et organiser des idées, élaborer des phrases qui s'enchainent avec cohérence, écrire ces phrases. ★ Mobiliser les outils à disposition dans la classe liés à l'étude de la langue. ★ Réviser et améliorer l'écrit qu'on a produit. ★ Utiliser des outils aidant à la correction.
	Comprendre le fonctionnement de la langue : ★ Passer de l'oral à l'écrit. ★ Construire le lexique. ★ Mobiliser le lexique pour mieux écrire.

OBJECTIFS PÉDAGOGIQUES

Comprendre
- ★ Comprendre l'énoncé du défi.
- ★ Identifier des personnages suspects. Donner corps au personnage en le caractérisant et constituant un champ sémantique et lexical autour de sa personne.
- ★ Approfondir le concept de couleur.
- ★ Faire émerger des hypothèses sur la causalité d'un évènement.

Construire les outils pour écrire
- ★ Construire le lexique du genre policier.
- ★ Constituer un répertoire de mots clés pour l'écriture.
- ★ Réinvestir ses connaissances dans l'écrit.

Écrire
- ★ Rédiger un court texte, répondant au défi.
- ★ Réviser son écrit en fonction de pistes de relectures.
- ★ Résumer.

COMPÉTENCES TRANSVERSALES

- ★ Effectuer une recherche.
- ★ S'appuyer sur des critères pour effectuer un choix.

SÉANCE 1 > S'approprier le défi

Cette séance est commune aux trois options.

Objectifs
- ★ Comprendre l'énoncé du défi.
- ★ Construire le lexique du genre policier.

Matériel
- ★ Tablette.
- ★ Diapos de l'application.
- ★ Texte du défi (*cf.* Annexes ou application).

ÉTAPE 1 > Comprendre le défi (15 min)

Sur l'application, s'arrêter sur l'image d'Edgar interpellant les élèves ou l'afficher au tableau (*cf.* Annexes).

« Vous aussi, petits aventuriers, tentez de percer ce mystère.
À votre avis, qui a pu voler cette couleur et pourquoi ? »

S'assurer que tous les élèves comprennent l'expression « percer ce mystère ».
Demander aux élèves de quel mystère il s'agit et ce que demande Edgar.

Introduire le lexique qui sera utilisé par la suite :

- **Suspect** : une personne que l'on soupçonne d'avoir commis un délit.
- **Mobile** : la raison pour laquelle un délit a été commis.

Demander aux élèves de produire, à l'oral, des phrases en employant les mots « suspect » et « mobile », de manière à utiliser le lexique en contexte. Par exemple : interroger un suspect, identifier un suspect, arrêter le suspect, innocenter un suspect...

Au CE1 et CE2 on pourra également demander aux élèves d'utiliser le verbe **suspecter**.

En conclure que l'on cherche dans ce défi à identifier un suspect et son mobile.

ÉTAPE 2 > Comprendre la forme du défi (5 min)

Sur l'application, s'arrêter sur le texte du défi, ou l'afficher au tableau (*cf.* Annexes).

> *« À vous d'imaginer et d'écrire votre propre hypothèse. À votre avis, qui est le voleur ? Pourquoi a-t-il volé la couleur ? Une fois votre rédaction terminée, prenez-la en photo pour que l'histoire continue. »*

Expliquer le mot « hypothèse ». S'assurer que les élèves comprennent bien qu'ils vont devoir formuler une hypothèse sur l'identité du suspect et son mobile.

Demander aux élèves comment l'hypothèse doit être transmise à Edgar.

Comprendre qu'il s'agit de rédiger un texte qui sera photographié et d'enregistrer une phrase de présentation de son hypothèse.

ÉTAPE 3 > Choisir une hypothèse (15 min)

Demander aux élèves sur quoi peut s'appuyer un détective pour concevoir des hypothèses. Pour répondre, on pourra se référer à des histoires policières ou d'enquêtes connues des élèves (livres, dessins animés, films).

S'accorder pour dire qu'une hypothèse repose toujours sur des éléments.

Introduire alors le lexique complémentaire :

- **Indice** : objet, signe, action qui met sur la trace d'une chose que l'on recherche.
- **Témoin** : personne qui a assisté à une scène, qui a vu un évènement et qui peut le raconter.
- **Piste** : ensemble d'indications qui orientent vers une chose que l'on recherche.

Inviter les élèves à produire des phrases avec les trois nouveaux mots. On pourra utilement réutiliser les mots « hypothèse », « suspect » et « mobile ». Par la suite, on reprendra cette même activité lors de séances décrochées, courtes et ritualisées, afin que l'ensemble des élèves puisse s'approprier le lexique.

Demander aux élèves s'ils ont identifié, dans l'histoire, des indices ou des pistes qui permettraient de s'orienter vers une hypothèse.

Dans l'application, revenir à la scène de discussion entre les habitants du village, ou l'afficher au tableau (*cf.* Annexes).

> *Madame Soleil dit avoir vu un animal s'enfuir. Monsieur Corail affirme que c'était un personnage imaginaire, comme dans les contes. Et Monsieur Azur est sûr d'une chose : ce n'est ni un animal, ni un personnage de conte.*

Demander aux élèves d'identifier les trois témoins et de dire quel indice chacun apporte. Remarquer que les témoins se contredisent.

Dire aux élèves qu'ils vont alors devoir suivre leur instinct pour choisir le témoin à qui ils souhaitent faire confiance.

Laisser un temps aux élèves pour débattre et argumenter sur le choix d'un des trois témoins, puis procéder à un vote pour retenir un même personnage.

Remarque *: **en fonction de l'organisation arrêtée, on pourra s'accorder sur une même piste pour l'ensemble de la classe ou laisser chaque groupe effectuer son propre choix.***

ÉTAPE 4 > Conclure

5 min

Le vote ayant permis d'identifier un témoin, demander aux élèves de rappeler l'indice apporté par ce personnage. Cet indice permettra d'orienter le travail des élèves pour identifier le suspect et son mobile :

- le suspect est un personnage de conte (option A) ;
- ou le suspect est un animal (option B) ;
- ou le suspect n'est ni un animal, ni un personnage de conte (option C).

Garder trace du vocabulaire introduit dans la séance : **suspect, mobile, hypothèse, indice, témoin, piste**.

OPTION A
LE SUSPECT EST UN PERSONNAGE DE CONTE

OPTION A • SÉANCE 2 > Les suspects

Objectifs

- Identifier des personnages de conte.
- Les catégoriser en fonction de leur rôle dans l'histoire.
- Effectuer une recherche.

Matériel

- Illustrations des contes *Blanche-Neige et les sept nains* et *Le Petit Chaperon rouge* (*cf.* Annexes).
- Imagier des personnages de conte (*cf.* Annexes).

ÉTAPE 1 > Identifier le type de suspect

15 min

Reprendre la conclusion de la séance 1 et demander aux élèves de rappeler l'indice retenu : le suspect est un personnage de conte.

Dire que la séance va être consacrée à l'identification d'un suspect parmi l'ensemble des personnages possibles.

Demander aux élèves de citer des titres de contes qu'ils connaissent.

Identifier un ou deux contes connus de toute la classe, par exemple *Blanche-Neige et les sept nains* et *Le Petit Chaperon rouge*. Au besoin les raconter à nouveau.

Lister au tableau les personnages de ces contes. Pour les élèves non lecteurs, on pourra utiliser les illustrations (*cf.* Annexes) :

- *Blanche-Neige et les sept nains* : un roi, une belle-mère, une princesse (Blanche-Neige), un prince, les sept nains.
- *Le Petit Chaperon rouge* : une petite fille (le Petit Chaperon rouge), la grand-mère, le loup, le chasseur.

ÉTAPE 2 > Catégoriser

10 min

Demander aux élèves la manière dont on pourrait classer ces personnages, c'est-à-dire les regrouper selon un point commun.

Recenser les différentes propositions.

S'accorder sur un classement qui distinguera : les héros, les personnages qui vont aider le héros, les personnages qui vont agir contre le héros.

Demander alors aux élèves de classer les personnages préalablement identifiés.

Les héros	Les personnages qui vont aider le héros	Les personnages qui vont agir contre le héros
Blanche-Neige Le Petit Chaperon rouge	Les sept nains Le prince La grand-mère Le chasseur	Le roi La belle-mère Le loup

ÉTAPE 3 > Lister les possibles (15 min)

On pourra organiser cette étape dans une bibliothèque, ou mettre à disposition dans la classe une sélection d'ouvrages, afin que les élèves puissent rechercher par eux-mêmes les personnages directement dans les livres et albums à disposition.

Demander aux élèves d'identifier d'autres personnages de conte.

Les élèves listent d'abord individuellement des personnages.

Regrouper ensuite les élèves par groupes de 2 ou 3. Chaque binôme ou trinôme met en commun sa liste de personnages.

Demander à chaque groupe de classer l'ensemble de ces personnages dans le tableau élaboré à l'étape 2.

ÉTAPE 4 > Mise en commun (10 min)

Demander à chaque groupe de venir présenter les personnages identifiés et leur classement.

On pourra remarquer qu'un même type de personnage peut apparaitre dans plusieurs catégories en fonction de l'histoire à laquelle on l'identifie.

Garder trace sous la forme d'un tableau reprenant l'ensemble des propositions des élèves.

Le lire avec les élèves.

En conclure que cette liste des personnages constitue pour la classe l'ensemble des suspects possibles.

OPTION A • SÉANCE 3 > Les mobiles

Objectifs

- Approfondir le concept de couleur.
- Faire émerger des hypothèses sur la causalité d'un évènement.
- Constituer un répertoire de mots clés pour l'écriture.

Matériel

- Phrase à compléter (*cf.* Annexes).

ÉTAPE 1 > Un monde sans couleur (30 min)

Demander aux élèves, pour rappel, ce qu'a volé le voleur. Expliquer alors que la séance sera consacrée à la recherche d'hypothèses au sujet des raisons pour lesquelles la couleur violette a été volée : l'identification du mobile du vol.

Préciser qu'on essayera de comprendre dans un premier temps pourquoi le voleur a souhaité voler une couleur, sans s'attacher spécifiquement à la couleur violette.

Organiser une discussion entre les élèves sur la thématique : « À quoi servent les couleurs ? ». Relever au fur et à mesure les principales propositions qui pourront être de tout ordre :

- la couleur pour identifier une chose, un objet, un animal…,
- la couleur pour se distinguer, ou au contraire pour se camoufler,

- la couleur pour représenter,
- la couleur pour signifier (par exemple le rouge pour alerter),
- la couleur pour embellir ou enlaidir,
- la couleur pour susciter ou exprimer des émotions…

Noter les propositions les plus récurrentes et en particulier les mots clés associés qui pourront être utilisés lors de la rédaction.

Distribuer ensuite à chaque élève les phrases à compléter (*cf.* Annexes) :
- Dans un monde sans couleur je ne peux pas…
- Dans un monde sans couleur il n'y a pas…
- Dans un monde sans couleur je me sens… parce que…
- Dans un monde sans couleur il me manquerait…
- Un monde sans couleur, c'est comme…

Lire les phrases avec les élèves et leur demander d'imaginer et d'écrire la suite de chaque phrase. Au CP on pourra effectuer cette étape à l'oral.

Après un temps de 5 à 10 minutes, mettre en commun les propositions des élèves. Encourager tous les élèves à lire au moins une de leur phrase, même si elle reprend une idée déjà exprimée. Compléter la liste des mots clés.

Souligner que toutes ces propositions peuvent mettre sur la piste d'un mobile possible du vol de la couleur.

ÉTAPE 2 > Associer le mobile et le violet

Dire aux élèves que l'on va maintenant se demander si le vol de la couleur violette peut s'expliquer par un mobile spécifique à cette couleur.

Identifier et lister, avec les élèves, des éléments naturellement violets :
- l'aubergine,
- la betterave rouge,
- le chou rouge qui est en réalité violet,
- la lavande,
- la mûre de ronce parait de couleur noire mais son jus est violet,
- la myrtille, bien qu'en apparence bleue, est violette et son jus est violet,
- la prune,
- la violette.

À l'oral, demander aux élèves de compléter la phrase : « *J'ai besoin du violet pour…* »

Les propositions constituent de nouvelles hypothèses complémentaires. Compléter la liste des mots clés commencée à l'étape précédente.

ÉTAPE 3 > Mettre en lien suspects et mobiles

Dire aux élèves qu'il peut également y avoir un rapport entre la nature du personnage suspect et le mobile du vol.

Afficher la liste des personnages de conte établie lors de la séance 2. La relire.

Se demander si les mobiles évoqués jusqu'alors pourraient avoir un lien avec un des personnages, ses spécificités, son histoire, ses intentions. Recueillir quelques propositions par exemple :
- Le Petit Chaperon rouge est lassé de son costume, il souhaite devenir le petit chaperon violet.
- La reine des neiges est triste de vivre dans un monde tout blanc.

Conclure en remarquant que la séance a permis d'identifier plusieurs hypothèses sur le mobile du vol et qu'il conviendra d'en choisir une pour répondre au défi.

OPTION B
LE SUSPECT EST UN ANIMAL

OPTION B • SÉANCE 2 > Les suspects

Objectifs

- Développer un réseau sémantique et lexical autour d'un animal.
- Effectuer une recherche.

Matériel

- Fiche d'identité d'un animal (*cf.* Annexes).

ÉTAPE 1 > Le jeu du portrait (15 min)

Reprendre la conclusion de la séance 1 et demander aux élèves de rappeler l'indice retenu : le suspect est un animal.

Dire aux élèves qu'il existe une grande diversité d'animaux et donc beaucoup de suspects potentiels. Pour pouvoir identifier un suspect précis, il conviendra donc de s'appuyer sur des caractéristiques particulières à l'animal.

Proposer alors aux élèves de jouer au jeu du portrait. Le meneur de jeu pense à un animal sans en donner le nom. Les autres joueurs doivent deviner le nom de l'animal en posant des questions auxquelles le meneur ne peut répondre que par oui ou par non. Attention, lorsque le meneur répond par la négative à une question portant sur le nom de l'animal (« Est-ce que c'est un chien ? »), le joueur est éliminé. Il faut donc s'assurer de la bonne réponse, parfois au moyen d'un questionnement complémentaire, avant de la proposer.

Commencer par une ou deux parties lors desquelles l'enseignant est le meneur de jeu.

Faire ensuite jouer les élèves par groupes de 3 ou 4 enfants pendant 5 à 10 minutes.

ÉTAPE 2 > Lister les caractéristiques (5 min)

Demander aux élèves ce qui les a aidés, pendant le jeu, à identifier l'animal.

On s'appuiera pour cela sur les questions posées pendant les parties, en identifiant pour chaque question la caractéristique visée. Noter les propositions :

- habitat,
- alimentation,
- mode de déplacement,
- espèce,
- classe de l'animal,
- prédateurs ou ennemis,
- durée de vie,
- caractéristiques physiques,
- ce que l'animal apprécie,
- ce que l'animal n'aime pas,
- traits de caractères…

ÉTAPE 3 > Rédiger la fiche d'identité d'un animal (15 min)

Distribuer à chaque élève une fiche d'identité vierge (*cf.* Annexes).

La lire avec les élèves. S'assurer de la bonne compréhension de chacune des rubriques.

Préciser que la rubrique « autre » permet d'apporter des informations ou associations complémentaires.

On pourra par exemple faire identifier aux élèves :

- des expressions mentionnant l'animal : rusé comme un renard, têtu comme un âne, malin comme un singe… ;
- des fictions dans lesquelles l'animal apparait : Babar l'éléphant, Pierre et le loup…

Demander à chaque élève de choisir un animal et de compléter sa fiche d'identité. Il n'est pas nécessaire de renseigner la fiche de manière exhaustive. Encourager les élèves à diversifier le choix des animaux étudiés au sein de la classe.

On pourra organiser cette étape dans une bibliothèque, ou mettre à disposition dans la classe une sélection d'ouvrages, afin que les élèves puissent effectuer des recherches directement dans les livres et albums à disposition. On pourra également utiliser les outils numériques à ces fins.

ÉTAPE 4 > Mise en commun (10 min)

Demander aux élèves qui le souhaitent de lire leur fiche d'identité de l'animal au reste de la classe.

Dire aux élèves qu'ils pourront s'inspirer des différentes caractéristiques des animaux étudiés pour mieux identifier un suspect.

En conclure que cet ensemble d'animaux constitue pour la classe un groupe de suspects possibles.

OPTION B • SÉANCE 3 > Les mobiles

Objectifs

- Approfondir le concept de couleur.
- Faire émerger des hypothèses sur la causalité d'un évènement.
- Constituer un répertoire de mots clés pour l'écriture.

Matériel

- Phrase à compléter (*cf.* Annexes).

ÉTAPE 1 > Un monde sans couleur (30 min)

Demander aux élèves, pour rappel, ce qu'a volé le voleur. Expliquer alors que la séance sera consacrée à la recherche d'hypothèses au sujet des raisons pour lesquelles la couleur violette a été volée : l'identification du mobile du vol.

Préciser qu'on essayera de comprendre dans un premier temps pourquoi le voleur a souhaité voler une couleur, sans s'attacher spécifiquement à la couleur violette.

Organiser une discussion entre les élèves sur la thématique : « À quoi servent les couleurs ? ». Relever au fur et à mesure les principales propositions qui pourront être de tout ordre :

- la couleur pour identifier une chose, un objet, un animal… ;
- la couleur pour se distinguer, ou au contraire pour se camoufler ;
- la couleur pour représenter ;
- la couleur pour signifier (par exemple le rouge pour alerter) ;
- la couleur pour embellir ou enlaidir ;
- la couleur pour susciter ou exprimer des émotions…

Noter les propositions les plus récurrentes et en particulier les mots clés associés qui pourront être utilisés lors de la rédaction.

Distribuer ensuite à chaque élève les phrases à compléter (*cf.* Annexes) :

- Dans un monde sans couleur je ne peux pas…
- Dans un monde sans couleur il n'y a pas…
- Dans un monde sans couleur je me sens… parce-que…
- Dans un monde sans couleur il me manquerait…
- Un monde sans couleur, c'est comme…

Lire les phrases avec les élèves et leur demander d'imaginer et d'écrire la suite de chaque phrase. Au CP, on pourra effectuer cette étape à l'oral.

Après un temps de 5 à 10 minutes, mettre en commun les propositions des élèves. Encourager tous les élèves à lire au moins une de leurs phrases, même si elle reprend une idée déjà exprimée. Compléter la liste des mots clés.

Souligner que toutes ces propositions peuvent mettre sur la piste d'un mobile possible du vol de la couleur.

ÉTAPE 2 > Associer le mobile et le violet (10 min)

Dire aux élèves que l'on va maintenant se demander si le vol de la couleur violette peut s'expliquer par un mobile spécifique à cette couleur.

Identifier et lister, avec les élèves, des éléments naturellement violets :

- l'aubergine,
- la betterave rouge,
- le chou rouge qui est en réalité violet,
- la lavande,
- la mûre de ronce parait de couleur noire mais son jus est violet,
- la myrtille bien qu'en apparence bleue, elle est violette et son jus est violet,
- la prune,
- la violette.

À l'oral, demander aux élèves de compléter la phrase : « J'ai besoin du violet pour... »

Les propositions constituent de nouvelles hypothèses complémentaires. Compléter la liste des mots clés commencée à l'étape précédente.

Dire aux élèves qu'il peut également y avoir un rapport entre la nature du personnage suspect et le mobile du vol.

ÉTAPE 3 > Mettre en lien suspects et mobiles (10 min)

Afficher la liste des animaux établie lors de la séance 2. La relire.

Se demander si les mobiles évoqués jusqu'alors pourraient avoir un lien avec un animal, ses spécificités, son caractère. Recueillir quelques propositions par exemple :

- La vache en a assez de ne ruminer que de l'herbe verte, elle souhaiterait modifier l'aspect de son alimentation.
- L'éléphant est triste de sa peau dure et grise. Il aimerait revêtir un aspect plus joyeux.

Conclure en remarquant que la séance a permis d'identifier plusieurs hypothèses sur le mobile du vol et qu'il conviendra d'en choisir une pour répondre au défi.

OPTION C
LE SUSPECT N'EST NI UN PERSONNAGE DE CONTE, NI UN ANIMAL

OPTION C • SÉANCE 2 > Les suspects

Objectifs

- Définir un type de suspect correspondant à la définition.
- Donner corps au personnage en le caractérisant et constituant un champ sémantique.

Matériel

- Fiche d'identité d'un suspect (*cf.* Annexes)

ÉTAPE 1 > Identifier des suspects possibles (10 min)

Reprendre la conclusion de la séance 1 et demander aux élèves de rappeler l'indice retenu : le suspect n'est ni un personnage de conte, ni un animal.

S'assurer de la bonne compréhension de la double négation. Demander aux élèves de proposer d'autres suspects possibles. Les lister au fur et à mesure.

Demander aux élèves la manière dont on pourrait classer ces personnages, c'est-à-dire les regrouper selon un point commun.

Recenser les différentes idées des élèves et s'accorder sur un classement qui permettra de caractériser les différentes propositions :

- par leur fonction : un jardinier, un commerçant, un boulanger... ;
- par leur nature : un extra terrestre, un robot, une machine... ;
- par leur relation avec un personnage de l'histoire : le cousin de..., l'ami de...

À l'oral, compléter chaque catégorie par d'autres exemples.

ÉTAPE 2 > Donner corps au suspect (5 min)

Dire aux élèves qu'ils vont maintenant devoir imaginer une identité au suspect.
Prendre un exemple et se demander ce qu'on aimerait savoir à propos de lui :

- son aspect physique ;
- son caractère ;
- qui sont ses amis ;
- qui sont ses ennemis ;
- ce qu'il peut faire ;
- ce qu'il ne peut pas faire ;
- où il habite ;
- autre...

ÉTAPE 3 > Rédiger la fiche d'identité du suspect (15 min)

Distribuer à chaque élève une fiche d'identité vierge (*cf.* Annexes).

La lire avec les élèves. S'assurer de la bonne compréhension de chacune des rubriques.

Préciser que la rubrique « autre » permet d'apporter des informations ou associations complémentaires.

Demander à chaque élève de choisir un suspect et de compléter sa fiche d'identité. Il n'est pas nécessaire de renseigner la fiche de manière exhaustive. Encourager les élèves à diversifier le choix des suspects étudiés au sein de la classe.

ÉTAPE 4 > Mise en commun (10 min)

Demander aux élèves qui le souhaitent de présenter la fiche d'identité de leur suspect au reste de la classe. Les autres élèves peuvent interroger pour donner plus de consistance au personnage.

Dire aux élèves qu'ils pourront s'inspirer des différentes caractéristiques des suspects étudiés pour mieux relever le défi.

En conclure que cet ensemble de suspects constitue pour la classe un groupe de voleurs possibles.

OPTION C • SÉANCE 3 > Les mobiles

Objectifs

- Approfondir le concept de couleur.
- Faire émerger des hypothèses sur la causalité d'un évènement.
- Constituer un répertoire de mots clés pour l'écriture.

Matériel

- Phrases à compléter (*cf.* Annexes).

ÉTAPE 1 > Un monde sans couleur (30 min)

Demander aux élèves, pour rappel, ce qu'a volé le voleur. Expliquer alors que la séance sera consacrée à la recherche d'hypothèses au sujet des raisons pour lesquelles la couleur violette a été volée : l'identification du mobile du vol.

Préciser qu'on essayera de comprendre dans un premier temps pourquoi le voleur a souhaité voler une couleur, sans s'attacher spécifiquement à la couleur violette.

Organiser une discussion entre les élèves sur la thématique : « À quoi servent les couleurs ? ». Relever au fur et à mesure les principales propositions qui pourront être de tout ordre :

- la couleur pour identifier une chose, un objet, un animal… ;
- la couleur pour se distinguer, ou au contraire pour se camoufler ;
- la couleur pour représenter ;
- la couleur pour signifier (par exemple le rouge pour alerter) ;
- la couleur pour embellir ou enlaidir ;
- la couleur pour susciter ou exprimer des émotions…

Noter les propositions les plus récurrentes et en particulier les mots clés associés qui pourront être utilisés lors de la rédaction.

Distribuer ensuite à chaque élève les phrases à compléter (*cf.* Annexes) :

- Dans un monde sans couleur je ne peux pas…
- Dans un monde sans couleur il n'y a pas…
- Dans un monde sans couleur je me sens… parce- que…
- Dans un monde sans couleur il me manquerait…
- Un monde sans couleur, c'est comme…

Lire les phrases avec les élèves et leur demander d'imaginer et d'écrire la suite de chaque phrase. Au CP, on pourra effectuer cette étape à l'oral.

Après un temps de 5 à 10 minutes, mettre en commun les propositions des élèves. Encourager tous les élèves à lire au moins une de leur phrase, même si elle reprend une idée déjà exprimée. Compléter la liste des mots clés.

Souligner que toutes ces propositions peuvent mettre sur la piste d'un mobile possible du vol de la couleur.

ÉTAPE 2 > Associer le mobile et le violet (10 min)

Dire aux élèves que l'on va maintenant se demander si le vol de la couleur violette peut s'expliquer par un mobile spécifique à cette couleur.

Identifier et lister, avec les élèves, des éléments naturellement violets :

- l'aubergine ;
- la betterave rouge ;
- le chou rouge qui est en réalité violet ;
- la lavande ;
- la mûre de ronce, qui parait de couleur noire mais dont le jus est violet ;
- la myrtille, qui bien qu'en apparence bleue, est violette et dont le jus est violet ;
- la prune ;
- la violette.

À l'oral, demander aux élèves de compléter la phrase : « J'ai besoin du violet pour... »

Les propositions constituent de nouvelles hypothèses complémentaires. Compléter la liste des mots clés commencée à l'étape précédente.

Dire aux élèves qu'il peut également y avoir un rapport entre la nature du suspect et le mobile du vol.

ÉTAPE 3 > Mettre en lien suspects et mobiles (10 min)

Afficher la liste des suspects établie lors de la séance 2. La relire.

Se demander si les mobiles évoqués jusqu'alors pourraient avoir un lien avec un suspect, ses spécificités, son caractère. Recueillir quelques propositions par exemple :

- un peintre qui est jaloux d'un autre artiste ayant davantage de succès que lui et qui souhaite le priver de violet pour l'empêcher de travailler ;
- un extraterrestre qui vient d'une planète sur laquelle le violet n'existe pas.

Conclure en remarquant que la séance a permis d'identifier plusieurs hypothèses sur le mobile du vol et qu'il conviendra d'en choisir une pour répondre au défi.

SÉANCE 4 > Rédaction

Cette séance est commune aux trois options.

Objectifs

- Rédiger un court texte.

Matériel

- En fonction du parcours choisi par la classe : le tableau des personnages de contes de la séance 2 Option A, les fiches d'identité des animaux de la séance 2 Option B, les fiches des suspects de la séance 2 Option C.
- Le répertoire de mots clés constitué en séance 3.

<u>Remarques</u> : La séance pourra être découpée en plusieurs temps distincts, en particulier pour prendre en compte les phases de réécriture des textes.

ÉTAPE 1 > Les outils pour écrire (5 min)

Rappeler la consigne du défi : écrire un texte qui répondra aux questions : Qui est le voleur ? Pourquoi a-t-il volé la couleur ?

Demander aux élèves ce dont ils ont besoin pour écrire. Mettre à disposition les outils élaborés lors des séances précédentes :

- la liste des suspects possibles : le tableau des personnages de contes de la séance A-2, les fiches d'identité des animaux de la séance B-2, les fiches suspects de la séance C-2
- les différents mobiles évoqués en séance 3
- le répertoire de mots clés constitué en séance 3

Annoncer les critères de réussite :

- La lecture du texte doit être compréhensible pour le lecteur.

- À la fin de la lecture on doit avoir compris qui est le suspect (le désigner et le présenter en quelques phrases) et son mobile.
- Le mobile doit être en rapport avec l'objet du vol (une couleur, ou la couleur violette).

ÉTAPE 2 > Écrire 25 min

En fonction de l'organisation retenue, on pourra choisir de faire écrire les élèves individuellement, ou de travailler en groupe sur un même texte.

On pourra différencier la rédaction en fonction des niveaux des élèves. On attendra une seule phrase pour les plus jeunes, jusqu'à un texte construit et argumenté pour les plus avancés.

De même on pourra varier la forme de la rédaction :
- dictée à l'adulte,
- illustration accompagnée d'un texte,
- texte seul,
- bande dessinée.

Laisser un temps de rédaction aux élèves.

À l'issue de l'écriture, encourager les élèves à se lire mutuellement leurs textes afin de vérifier que les critères de réussite sont atteints.

SÉANCE 5 > Réécrire, améliorer son texte

Cette séance est commune aux trois options.

Objectifs

- Réviser et améliorer l'écrit qu'on a produit.

Matériel

- Rédactions des élèves.

Remarque : ***Au préalable, lire les rédactions pour identifier et indiquer aux élèves les aspects du texte à retravailler :***
- ***la description du suspect, les manières de le désigner dans le texte***
- ***la clarté et la cohérence de l'explication du mobile***
- ***les liens de causalité***
- ***la structure interne du texte...***

Expliquer aux élèves qu'ils vont dans ces séances enrichir leur texte pour le rendre plus compréhensible, cohérent ou plaisant.

On se limitera à 1 ou 2 points par séance de réécriture.

Certains aspects du travail de réécriture pourront être pris en charge par l'enseignant ou par le groupe. D'autres pourront faire l'objet d'un apport préalable de connaissances et de savoirs en introduction de la séance, ou dans une séance décrochée.

Ne pas hésiter, pour enrichir les textes, à faire des liens avec la programmation des notions étudiées en français : valeur des temps, utilisation des adjectifs...

SÉANCE 6 > Relever le défi

Objectifs

- S'appuyer sur des critères pour effectuer un choix.
- Résumer un propos.
- Rédiger une phrase.

Matériel

- Tablette.
- Capture d'écran de l'application (*cf.* Annexes ou application).

ÉTAPE 1 > Choix d'un texte (30 min)

En fonction de l'organisation retenue, on choisira un même texte pour l'ensemble de la classe, ou un texte pour chaque groupe.

Expliciter aux élèves les critères de choix :

- le texte désigne un suspect et son mobile ;
- le texte est clair et compréhensible ;
- l'auditeur prend plaisir à écouter le texte.

Lire les différents textes et procéder à l'élection du texte commun.

Reprendre la tablette et photographier le texte choisi, comme indiqué par Edgar.

ÉTAPE 2 > Rédaction de la phrase réponse (10 min)

Sur l'application, s'arrêter sur l'image dans laquelle Edgar invite les élèves à communiquer leur hypothèse, ou l'afficher au tableau (*cf.* Annexes).

« Alors, quelle est votre hypothèse ? Dites-la-moi, je vous écoute. »

Rédiger alors collectivement, ou au sein de chaque groupe, une phrase résumant la rédaction choisie et ayant la forme :

« C'est [*indiquer* : un animal / un personnage de conte / un autre voleur]. Le suspect est [*nommer le suspect*] car [*décrire le mobile*]».

Enregistrer la phrase dans l'application.

RÉPONSE AU DEFI : A VOUS DE JOUER !

À l'invitation d'Edgar, photographier le texte choisi (étape 1). Puis enregistrer la phrase réponse rédigée à l'étape 2.

Bravo le 2e défi est relevé !

Annexes Défi 2
Compréhension de l'histoire

Masques et marottes

Le défi

Documents à télécharger en format A4 sur Lea.fr

Annexes Défi 2
Le défi Option A

Blanche-Neige et les sept nains

Le Petit Chaperon rouge

Documents à télécharger en format A4 sur Lea.fr

Annexes Défi 2
Le défi Option A

Personnages de contes

Documents à télécharger en format A4 sur Lea.fr

Annexes Défi 2

Le défi Options A, B et C

Les mobiles

Complète les phrases.

- Dans un monde sans couleur je ne peux pas ....

  ....

- Dans un monde sans couleur il n'y a pas ....

  ....

- Dans un monde sans couleur je me sens .... parce que ....

  ....

- Dans un monde sans couleur il me manquerait ....

  ....

- Un monde sans couleur, c'est comme ....

  ....

Annexes Défi 2
Le défi Option B

Fiche d'identité d'un animal

Nom de l'animal : ....

Habitat	
Alimentation	
Mode de déplacement	
Espèce	
Classe de l'animal	
Prédateurs ou ennemis	
Durée de vie	
Caractéristiques physiques	
Ce que l'animal apprécie	
Ce que l'animal n'aime pas	
Traits de caractères	
Autre	

Documents à télécharger en format A4 sur Lea.fr

Annexes Défi 2
Le défi Option C

Le suspect

Dessin du suspect	
Son caractère	
Qui sont ses amis	
Qui sont ses ennemis	
Ce qu'il peut faire	
Ce qu'il ne peut pas faire	
Où il habite	
Autre	

Documents à télécharger en format A4 sur Lea.fr

DÉFI 3
COMMENT RECRÉER LA COULEUR ?

2 SÉQUENCES

★ **Compréhension de l'histoire : épisode 3**
- Option A • Le voleur est un personnage de conte
- Option B • Le voleur est un animal
- Option C • Le voleur n'est ni un personnage de conte, ni un animal

★ **Le défi à relever**

Compréhension de l'histoire

Épisode 3 : à la poursuite du suspect

Lors du 2e épisode, les élèves ont eu le choix entre trois profils de voleur : un personnage de conte, un animal, un profil autre qui ne serait ni un personnage de conte ni un animal. Chacune de ces options mène à un scénario différent dans l'épisode 3 (cf. Parcours dans l'introduction). De ce fait, trois séances de compréhension distinctes (les scénarios) sont ici proposées, selon l'option choisie.

Texte de l'épisode 3 › Scénario A • Le suspect est un personnage de conte

« Mmmmh je vois pour ce genre de suspect, il faut aller voir Merlin l'enchanteur. C'est le spécialiste, il connaît beaucoup de monde. En route Edgar, suivons cette piste ! »

L'inspecteur semble penser que votre hypothèse est probable et il compte bien aller vérifier ça. Il emmène alors Edgar en forêt et les deux compères trouvent rapidement le repère de Merlin. « Voilà l'homme de la situation, c'est lui qui pourra nous dire si notre hypothèse tient la route. »

« Merlin, nous avons besoin de votre aide. Le violet a disparu, c'est une catastrophe ! Nous suspectons ce personnage d'être le voleur. Qu'en pensez-vous ? » Le vieux mage prend le temps de lire la feuille et déclare. « Cela ne m'étonne pas, ce personnage vole tout puis se volatilise ! Cela arrive tout le temps ! »

Merlin attrape alors un livre dans sa bibliothèque « Et voilà ! Regardez, il n'est pas dans son livre. Il a dû partir quand j'avais le dos tourné... Messieurs, je crois que vous avez vu juste, c'est sûrement le voleur de violet ! Malheureusement, je crains qu'il ne revienne jamais et que cette couleur soit à tout jamais égarée »

Quelle tristesse ! Ce monde ne peut pas rester à tout jamais sans un peu de violet ! Edgar compatit à la peine de son nouvel ami. « Il n'y a qu'une seule chose à faire, se débrouiller par nous-même pour recréer du violet ! Sortons d'ici. »

De retour sur la place du village, après avoir échangé avec les habitants, un vieil homme prend la parole : « Pour retrouver toutes les couleurs, une seule solution, vous rendre à l'atelier des couleurs. C'est là-bas que jadis les couleurs ont été créées. Vous trouverez sans doute ce dont vous avez besoin. »

Pas de temps à perdre, la foule se met en marche. « Une seule personne peut passer ces portes. Il nous faut quelqu'un de créatif, de curieux et qui a l'habitude de relever des défis complexes, indique l'inspecteur. C'est tout toi, Égard ! » « Euh d'accord... J'y vais alors. » « On compte sur toi, Edgar ! »

En pénétrant dans l'atelier, Edgar est un peu perdu. Il y a tellement d'objets ! Et la plupart lui sont inconnus. « Les habitants comptent sur nous, petits aventuriers. Nous ne pouvons pas les décevoir. Aidez-moi à imaginer une machine pour créer du violet, s'il vous plait. »

La solution n'est pas sur l'écran. À vous de concevoir une machine qui permettra de créer du violet. Fabriquez votre machine ou en réaliser une maquette, un modelage ou un dessin. Une fois votre création terminée, prenez-la en photo pour que l'histoire continue.

Objectifs spécifiques

- Comprendre le texte de l'épisode.
- Mettre en relation sa lecture avec les éléments de sa propre culture.
- Faire des inférences pour mieux comprendre.
- Reconstituer la chronologie de l'histoire.

Matériel

- Planche d'illustrations : les lieux de l'histoire (*cf.* Annexes).

EN AMONT > Introduction du vocabulaire

Expressions :

- Donner du fil à retordre
- Être l'homme de la situation
- Tenir la route
- Avoir le dos tourné
- Avoir vu juste
- Échanger avec quelqu'un
- À tout jamais
- Se débrouiller pas soi-même

Autres :

- Pénétrer, se volatiliser, égarer, compatir
- Une piste, un repère
- Un spécialiste, un mage, un compère
- Probable, complexe

ÉTAPE 1 > Diapos de « Mmh... » à «...égarée »

Dire aux élèves qu'ils vont écouter la suite de l'histoire et qu'ils devront ensuite restituer ce qu'ils en ont compris.

Faire défiler l'histoire jusqu'à «...égarée »..

Questions ouvertes

Demander : « De quoi vous rappelez-vous ? »
Laisser les élèves répondre à l'oral jusqu'à épuisement des propositions.
Demander : « Qu'avons-nous oublié de dire ? »
Laisser les élèves répondre à l'oral jusqu'à épuisement des propositions.
S'assurer que les réponses des élèves témoignent de la bonne compréhension :

- de la raison pour laquelle Edgar et l'inspecteur se rendent chez Merlin ;
- de la disparition du voleur.

Compréhension fine : Merlin l'enchanteur

Interroger les élèves : « Qui est Merlin ? »

Classer les réponses des élèves selon qu'ils s'appuient sur des éléments du texte ou sur des connaissances personnelles :

- références au texte : « Merlin l'enchanteur », « le spécialiste », « le vieux mage », la disparition du personnage du livre : « il n'est pas dans son livre », il possède une importante bibliothèque ;
- références personnelles : les élèves pourront faire référence au personnage de Merlin que l'on retrouve dans de nombreux contes et légendes et qui apparait également dans des romans ou films plus récents, le plus souvent sous la forme d'un mage barbu coiffé d'un chapeau pointu.

En conclure que Merlin est un personnage reconnu pour sa sagesse, ses nombreuses connaissances et ses pouvoirs magiques.

Faire remarquer aux élèves que pour comprendre on s'appuie sur des indices dans le texte et sur des connaissances acquises.

ÉTAPE 2 > Diapos de « Quelle tristesse... » au défi

Dire aux élèves qu'ils vont écouter la suite de l'histoire et qu'ils devront ensuite restituer ce qu'ils en ont compris.

Faire défiler l'histoire jusqu'au défi.

Questions ouvertes

Demander : « De quoi vous rappelez-vous ? »
Laisser les élèves répondre à l'oral jusqu'à épuisement des propositions.
Demander : « Qu'avons-nous oublié de dire ? »
Laisser les élèves répondre à l'oral jusqu'à épuisement des propositions.
S'assurer que les réponses des élèves témoignent de la bonne compréhension :

- de la raison pour laquelle l'inspecteur est triste ;
- de la raison pour laquelle le problème perdure ;
- de la solution envisagée.

Compréhension fine : combler les blancs du texte

<u>Remarque</u> : Au CE2, on pourra également proposer cette étape à l'écrit.

Expliquer aux élèves que dans une histoire, tout n'est pas dit explicitement. Il faut parfois interpréter et déduire certaines informations pour bien comprendre.
À l'oral, demander aux élèves de rajouter les informations manquantes en complétant les phrases de l'histoire :

- Ce monde ne peut pas rester à tout jamais sans un peu de violet **sinon...**
- Sortons d'ici **et allons...**
- De retour sur la place du village, après avoir échangé avec les habitants, un vieil homme **qui avait vécu à l'époque où...**
- Il nous faut quelqu'un de créatif, de curieux et qui a l'habitude de relever des défis complexes **car cette personne doit...**
- Euh d'accord... **Edgar pense que...**
- En pénétrant dans l'atelier, Edgar **voit... il ressent...**

Veiller à ce que les propositions des élèves soient cohérentes avec l'histoire.

ÉTAPE 3 > S'assurer de la bonne compréhension de l'ensemble de l'épisode

Réécouter avec l'application l'ensemble de l'épisode en demandant aux élèves d'être particulièrement attentifs aux lieux dans lesquels se déroule l'histoire.

Lister au tableau les différents lieux de l'histoire :

- la forêt,
- le repère de Merlin,
- la place du village,
- les portes de l'atelier,
- l'atelier.

Regrouper les élèves en binômes ou trinômes.

Distribuer à chaque groupe la planche d'illustrations (*cf.* Annexes). Observer les images, identifier les lieux. Expliquer que si certains lieux apparaissaient deux fois, c'est que plusieurs faits distincts s'y étaient déroulés, mais à des moments différents.

Dire aux élèves qu'ils vont devoir associer un évènement de l'histoire à chaque lieu et les placer dans l'ordre chronologique.

Laisser un temps aux élèves pour chercher. Pour les plus grands, on pourra demander d'écrire sous chaque image l'action correspondante.

Mettre en commun. Tracer une ligne du temps au tableau. Demander à un élève de placer une première image sur cette ligne et de raconter l'épisode de l'histoire associé. Demander à un autre élève de venir placer un autre lieu, relativement à la première image affichée. Veiller au respect de la chronologie des faits.

Jadis, les couleurs ont été créées.	Le voleur s'échappe du livre.	Edgar et l'inspecteur vont chez Merlin.	Merlin découvre que le voleur s'est volatilisé.	Le vieil homme trouve une solution.	Edgar est désigné.	Edgar doit résoudre le défi.

Lorsque toutes les images sont affichées, raconter l'ensemble de l'histoire.

Texte de l'épisode 3 > Scénario B • le suspect est un animal

« Mmmmh, ce serait cet animal vous pensez ? Le chien, cela va être à toi de jouer ! »« Oh oui, inspecteur, cela nous semble une bonne idée, partons sur cette piste ! »

« Le meilleur détective pour retrouver la trace d'un animal, c'est Watson. Il suffit de lui faire sentir l'un des objets ayant perdu leur couleur et il nous mènera au voleur. Vas-y, cherche Watson, cherche ! »

On dirait bien que Watson est sur une piste. La foule pleine d'espoir suit le chien de près. Chacun a hâte d'attraper ce méchant voleur de couleur !

Watson marque l'arrêt devant une grotte dans laquelle la foule s'engouffre. « Mais quel bazar là-dedans ! » « Mmmmh, cela doit être la cachette de notre voleur ! Que chacun fouille à la recherche du moindre indice », annonce l'inspecteur.

« Inspecteur, regardez ce que j'ai trouvé ! » « Oh non, c'est la fiole qui contenait le violet. Elle est complètement vide ! » Les habitants sont déprimés.

« Écoutez-moi les amis, il existe une solution : il faut recréer du violet. Cela ne doit pas être si compliqué. Ensemble, nous y arriverons. Mais tout d'abord, sortons d'ici. » Espérons qu'Edgar a raison.

De retour sur la place du village, après avoir échangé avec les habitants, un vieil homme prend la parole : « Pour retrouver toutes les couleurs, une seule solution, vous rendre à l'atelier des couleurs. C'est là-bas que jadis les couleurs ont été créées. Vous trouverez sans doute ce dont vous avez besoin. »

Pas de temps à perdre, la foule se met en marche. « Une seule personne peut passer ces portes. Il nous faut quelqu'un de créatif, de curieux et qui a l'habitude de relever des défis complexes, indique l'inspecteur. C'est tout toi, Égard ! » « Euh d'accord... J'y vais alors. » « On compte sur toi, Edgar ! »

En pénétrant dans l'atelier, Edgar est un peu perdu. Il y a tellement d'objets ! Et la plupart lui sont inconnus. « Les habitants comptent sur nous, petits aventuriers. Nous ne pouvons pas les décevoir. Aidez-moi à imaginer une machine pour créer du violet, s'il vous plait. »

La solution n'est pas sur l'écran. À vous de concevoir une machine qui permettra de créer du violet. Fabriquez votre machine ou en réaliser une maquette, un modelage ou un dessin. Une fois votre création terminée, prenez-la en photo pour que l'histoire continue.

Objectifs spécifiques

- Comprendre le texte de l'épisode.
- Mettre en relation sa lecture avec les éléments de sa propre culture.
- Faire des inférences pour mieux comprendre.
- Reconstituer la chronologie de l'histoire.

Matériel

- Planche d'illustrations : les lieux de l'histoire (*cf.* Annexes).

EN AMONT > Introduction du vocabulaire

Expressions :

- Avoir hâte de
- Échanger avec quelqu'un

Autres :

- S'engouffrer, pénétrer
- Une piste, une fiole
- Jadis, complexe

ÉTAPE 1 > Diapos de « Mmh... » à «...annonce l'inspecteur »

Dire aux élèves qu'ils vont écouter la suite de l'histoire et qu'ils devront ensuite restituer ce qu'ils en auront compris.

Faire défiler l'histoire jusqu'à «...annonce l'inspecteur »..

Questions ouvertes

Demander : « De quoi vous rappelez-vous ? »
Laisser les élèves répondre à l'oral jusqu'à épuisement des propositions.
Demander : « Qu'avons-nous oublié de dire ? »
Laisser les élèves répondre à l'oral jusqu'à épuisement des propositions.
S'assurer que les réponses des élèves témoignent de la bonne compréhension :

- des personnages présents dans la scène,
- de ce qu'ils recherchent.

Compréhension fine : Watson : un chien détective

Interroger les élèves : « Qui est Watson ? »
Demander aux élèves de justifier leurs réponses :

- **c'est un chien :** « le chien », il renifle l'indice, il cherche la trace, il marque l'arrêt pour indiquer un lieu, la manière dont on s'adresse à lui ;
- **c'est un détective :** il est nommé en référence au Dr Watson, compagnon de Sherlock Holmes ; il suit une piste.

Faire remarquer aux élèves que pour comprendre on s'appuie sur des indices présents dans le texte et sur des connaissances personnelles acquises.

ÉTAPE 2 > Diapos de « Inspecteur, regardez... » au défi

Dire aux élèves qu'ils vont écouter la suite de l'histoire et qu'ils devront ensuite restituer ce qu'ils en auront compris.

Faire défiler l'histoire jusqu'au défi.

Questions ouvertes

Demander : « De quoi vous rappelez-vous ? »
Laisser les élèves répondre à l'oral jusqu'à épuisement des propositions.
Demander : « Qu'avons-nous oublié de dire ? »
Laisser les élèves répondre à l'oral jusqu'à épuisement des propositions.

S'assurer que les réponses des élèves témoignent de la bonne compréhension :

- de ce qu'ont trouvé les habitants dans la grotte ;

- de la raison pour laquelle le problème perdure ;
- de la solution envisagée.

Compréhension fine : combler les blancs du texte
***Remarque* : Au CE2, on pourra également proposer cette étape à l'écrit.**

Expliquer aux élèves que dans une histoire, tout n'est pas dit explicitement. Il faut parfois interpréter et déduire certaines informations pour bien comprendre.

À l'oral, demander aux élèves de rajouter les informations manquantes en complétant les phrases de l'histoire :

- Oh non, c'est la fiole qui contenait le violet. Elle est complètement vide **car…**
- Espérons qu'Edgar a raison **sinon…**
- De retour sur la place du village, après avoir échangé avec les habitants, un vieil homme **qui avait vécu à l'époque où…**
- Il nous faut quelqu'un de créatif, de curieux et qui a l'habitude de relever des défis complexes **car cette personne doit…**
- Euh d'accord… **Edgar pense que…**
- En pénétrant dans l'atelier, Edgar **voit… il ressent…**

Veiller à ce que les propositions des élèves soient cohérentes avec l'histoire.

ÉTAPE 3 > S'assurer de la bonne compréhension de l'ensemble de l'épisode

Réécouter avec l'application l'ensemble de l'épisode en demandant aux élèves d'être particulièrement attentifs aux lieux dans lesquels se déroule l'histoire.

Lister au tableau les différents lieux de l'histoire :

- la forêt,
- la grotte,
- la place du village,
- les portes de l'atelier,
- l'atelier.

Regrouper les élèves en binômes ou trinômes.

Distribuer à chaque groupe la planche d'illustrations (*cf.* Annexes). Observer les images, identifier les lieux. Expliquer que si certains lieux apparaissaient deux fois, c'est que plusieurs faits distincts s'y étaient déroulés, mais à des moments différents.

Dire aux élèves qu'ils vont devoir associer un évènement de l'histoire à chaque lieu et les placer dans l'ordre chronologique.

Laisser un temps aux élèves pour chercher. Pour les plus grands, on pourra demander d'écrire sous chaque image l'action correspondante.

Mettre en commun. Tracer une ligne du temps au tableau. Demander à un élève de placer une première image au tableau sur cette ligne et de raconter l'épisode de l'histoire associé. Demander à un autre élève de venir placer un autre lieu, relativement à la première image affichée. Veiller au respect de la chronologie des faits.

Par exemple :

Jadis, les couleurs ont été créées.	Le voleur se cache.	Watson cherche le voleur.	Les habitants découvrent la fiole.	Le vieil homme trouve une solution.	Edgar est désigné.	Edgar doit résoudre le défi.

Lorsque toutes les images sont affichées, raconter l'ensemble de l'histoire.

Texte de l'épisode 3 > Scénario C • le suspect n'est ni un animal ni un personnage de conte

Merci pour votre idée petits aventuriers, voyons ce que l'inspecteur en pense. « Mmmm-mh en voilà une drôle d'hypothèse, qu'en pensez-vous tous ? » L'inspecteur se met alors à lire à voix haute le petit récit que vous avez écrit.

« Oh oui, inspecteur, cela nous semble une bonne idée, partons sur cette piste ! »

« Je me joins à vous pour rechercher le suspect. À plusieurs, nous sommes plus forts ! »

Les recherches mènent Edgar et ses nouveaux amis sur un terrain abandonné.

« Oh, Inspecteur, regardez, il n'est plus là. Mais il a laissé la fiole qui contenait le violet… et elle est complètement vide. »

Les habitants sont déprimés.

« Écoutez-moi les amis, il existe une solution : il faut recréer du violet. Cela ne doit pas être si compliqué. Ensemble, nous y arriverons. Mais tout d'abord, sortons d'ici. » Espérons qu'Edgar a raison.

De retour sur la place du village, après avoir échangé avec les habitants, un vieil homme prend la parole : « Pour retrouver toutes les couleurs, une seule solution, vous rendre à l'atelier des couleurs. C'est là-bas que jadis les couleurs ont été créées. Vous trouverez sans doute ce dont vous avez besoin. »

Pas de temps à perdre, la foule se met en marche. « Une seule personne peut passer ces portes. Il nous faut quelqu'un de créatif, de curieux et qui a l'habitude de relever des défis complexes, indique l'inspecteur. C'est tout toi, Égard ! » « Euh d'accord… J'y vais alors. » « On compte sur toi, Edgar ! »

En pénétrant dans l'atelier, Edgar est un peu perdu. Il y a tellement d'objets ! Et la plupart lui sont inconnus. « Les habitants comptent sur nous, petits aventuriers. Nous ne pouvons pas les décevoir. Aidez-moi à imaginer une machine pour créer du violet, s'il vous plait. »

La solution n'est pas sur l'écran. À vous de concevoir une machine qui permettra de créer du violet. Fabriquez votre machine ou en réaliser une maquette, un modelage ou un dessin. Une fois votre création terminée, prenez-la en photo pour que l'histoire continue.

Une fois votre création terminée, prenez-la en photo pour que l'histoire continue.

Objectifs spécifiques

- Comprendre le texte de l'épisode.
- Identifier les différentes manières de désigner un personnage.
- Faire des inférences pour mieux comprendre.
- Reconstituer la chronologie de l'histoire.

Matériel

- Extrait de l'épisode (*cf.* Annexes).
- Planche d'illustrations : les lieux de l'histoire (*cf.* Annexes).

En amont > Introduction du vocabulaire

Expressions :

- Avoir hâte de
- Échanger avec quelqu'un

Autres

- Pénétrer

- Un récit, une piste, une fiole
- Jadis, complexe

ÉTAPE 1 > Diapos de « Merci » à « il n'est plus là »

Dire aux élèves qu'ils vont écouter la suite de l'histoire et qu'ils devront ensuite restituer ce qu'ils en auront compris.

Faire défiler l'histoire jusqu'à « il n'est plus là ».

Questions ouvertes

Demander : « De quoi vous rappelez-vous ? »
Laisser les élèves répondre à l'oral jusqu'à épuisement des propositions.
Demander : « Qu'avons-nous oublié de dire ? »
Laisser les élèves répondre à l'oral jusqu'à épuisement des propositions.
S'assurer que les réponses des élèves témoignent de la bonne compréhension :

- des personnages présents dans la scène ;
- de ce qu'ils recherchent.

Compréhension fine : un suspect en fuite (la désignation des personnages)

Relire la phrase : « Oh, Inspecteur, regardez, il n'est plus là. »

Interroger les élèves : « Qui est « il » ? »

S'accorder pour dire que le pronom il remplace le suspect.

Distribuer aux élèves le texte de l'extrait (*cf.* Annexes).

Demander de surligner tous les mots qui désignent des personnages :

Merci pour votre idée petits aventuriers, voyons ce que l'inspecteur en pense.
« Mmmmmh en voilà une drôle d'hypothèse, qu'en pensez-vous tous ? »
L'inspecteur se met alors à lire à voix haute le petit récit que vous avez écrit.
« Oh oui, inspecteur, cela nous semble une bonne idée, partons sur cette piste ! »
« Je me joins à vous pour rechercher le suspect. À plusieurs, nous sommes plus forts ! »
Les recherches mènent Edgar et ses nouveaux amis sur un terrain abandonné.
« Oh, Inspecteur, regardez, il n'est plus là. »

Demander ensuite aux élèves de lister tous les personnages qui interviennent dans le récit : Edgar, l'inspecteur, les habitants, le suspect, les élèves. On pourra faire la distinction entre les personnages présents dans l'action de la scène, et ceux évoqués dans le récit.

Chercher le personnage désigné par chaque élément surligné. Par exemple « ses nouveaux amis » désignent les habitant.

En conclure que, dans un récit, on peut désigner un même personnage de plusieurs manières différentes.

ÉTAPE 2 > Diapos de « Mais il a laissé... » au défi

Dire aux élèves qu'ils vont écouter la suite de l'histoire et qu'ils devront ensuite restituer ce qu'ils en ont compris.

Faire défiler l'histoire jusqu'au défi.

Questions ouvertes

Demander : « De quoi vous rappelez-vous ? »
Laisser les élèves répondre à l'oral jusqu'à épuisement des propositions.
Demander : « Qu'avons-nous oublié de dire ? »
Laisser les élèves répondre à l'oral jusqu'à épuisement des propositions.
S'assurer que les réponses des élèves témoignent de la bonne compréhension :

- de ce qu'ont trouvé les habitants sur le terrain ;
- de la raison pour laquelle le problème perdure ;
- de la solution envisagée.

Compréhension fine : combler les blancs du texte

***Remarque* : Au CE2, on pourra également proposer cette étape à l'écrit.**

Expliquer aux élèves que dans une histoire, tout n'est pas dit explicitement. Il faut parfois interpréter et déduire certaines informations pour bien comprendre.

À l'oral, demander aux élèves de rajouter les informations manquantes en complétant les phrases de l'histoire :

- Mais il a laissé la fiole qui contenait le violet… et elle est complètement vide **car…**
- Espérons qu'Edgar a raison **sinon…**
- De retour sur la place du village, après avoir échangé avec les habitants, un vieil homme **qui avait vécu à l'époque où…**
- Il nous faut quelqu'un de créatif, de curieux et qui a l'habitude de relever des défis complexes **car cette personne doit…**
- Euh d'accord… **Edgar pense que…**
- En pénétrant dans l'atelier, Edgar **voit… il ressent…**

Veiller à ce que les propositions des élèves soient cohérentes avec l'histoire.

ÉTAPE 3 > S'assurer de la bonne compréhension de l'ensemble de l'épisode

Réécouter avec l'application l'ensemble de l'épisode en demandant aux élèves d'être particulièrement attentifs aux lieux dans lesquels se déroule l'histoire.

Lister au tableau les différents lieux de l'histoire :

- le village,
- un terrain abandonné,
- la place du village,
- les portes de l'atelier,
- l'atelier.

Regrouper les élèves en binômes ou trinômes.

Distribuer à chaque groupe la planche d'illustrations (*cf.* Annexes). Observer les images, identifier les lieux. Expliquer que si certains lieux apparaissaient deux fois, c'est que plusieurs faits distincts s'y étaient déroulés, mais à des moments différents.

Dire aux élèves qu'ils vont devoir associer un évènement de l'histoire à chaque lieu et les placer dans l'ordre chronologique.

Laisser un temps aux élèves pour chercher. Pour les plus grands, on pourra demander d'écrire sous chaque image l'action correspondante.

Mettre en commun. Tracer une ligne du temps au tableau. Demander à un élève de placer une première image au tableau sur cette ligne et de raconter l'épisode de l'histoire associé. Demander à un autre élève de venir placer un autre lieu, relativement à la première image affichée. Veiller au respect de la chronologie des faits.

Par exemple :

	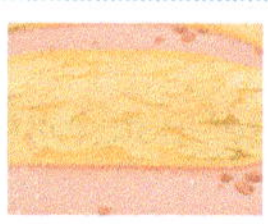		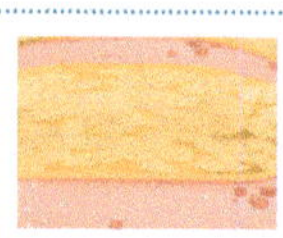			
Jadis, les couleurs ont été créées.	Le voleur se cache.	Watson cherche le voleur.	Les habitants découvrent la fiole.	Le vieil homme trouve une solution.	Edgar est désigné.	Edgar doit résoudre le défi.

Lorsque toutes les images sont affichées, raconter l'ensemble de l'histoire.

Le défi

Comment recréer la couleur ?

Fabriquer unobjet technique / imaginaire

Dans ce défi, les élèves vont devoir concevoir une machine permettant de fabriquer la couleur disparue : le violet. Par machine on entend un objet conçu à partir de l'assemblage de différents éléments et qui a une fonction particulière. La notion de conception implique deux étapes consécutives qui ont chacune leur importance : d'abord une réflexion et recherche préalable sur l'usage et le fonctionnement de la machine, puis la fabrication concrète de l'objet ou de sa représentation.

Les élèves peuvent créer une machine « technique » qui pourrait fonctionner dans un monde réel, ou bien choisir d'inventer une machine imaginaire, qui peut donc faire appel à des principes de fonctionnement fantaisistes.

Chacune de ces deux options mènera à un déroulé différent de l'histoire. Il est possible, à l'issue du parcours, de revenir sur le défi afin de proposer une nouvelle solution et de découvrir une suite alternative.

En fonction de l'organisation retenue, on choisira de concevoir une même machine pour l'ensemble de la classe, ou on permettra à chaque groupe, voire à chaque élève individuellement, de travailler sur l'option de son choix.

Le rendu du défi prendra la forme d'une photographie de la machine conçue par les élèves ou de sa représentation sous la forme d'une maquette, d'un modelage ou d'un dessin. La photographie est intégrée dans l'application afin d'être transmise à Edgar. Il est ensuite demandé d'enregistrer une phrase de présentation de la machine.

En fonction de l'option retenue, ce défi s'inscrira dans le domaine Questionner le monde, sous la forme d'un défi technologique ou dans celui des Arts plastiques.

OPTION A CONCEVOIR UN OBJET TECHNIQUE	
COMPÉTENCES TRAVAILLÉES	
Questionner le monde (cycle 2)	**Les objets techniques : qu'est-ce que c'est ? À quels besoins répondent-ils ? Comment fonctionnent-ils ?** ★ Comprendre la fonction et le fonctionnement d'objets fabriqués ★ Observer et utiliser des objets techniques et identifier leur fonction ★ Identifier les activités de la vie quotidienne faisant appel à des outils et objets techniques ★ Réaliser des objets techniques par association d'éléments existants
OBJECTIFS PÉDAGOGIQUES	
Comprendre ★ Comprendre l'énoncé du défi. ★ Élaborer le lexique technique. ★ Distinguer le monde réel du monde imaginaire. ★ Expliquer un fonctionnement technique.	
Définir un cahier des charges ★ Identifier les usages. ★ Identifier les contraintes. ★ Anticiper les matériaux.	
Concevoir ★ Dessiner un plan, un schéma. ★ Chercher, tâtonner, expérimenter. ★ Mobiliser des solutions techniques existantes. ★ Observer pour comprendre. ★ Tester sa solution.	

OPTION B
CONCEVOIR UNE MACHINE IMAGINAIRE

COMPÉTENCES TRAVAILLÉES	
Arts plastiques (cycle 2)	★ **Expérimenter, produire, créer** S'approprier par les sens les éléments du langage plastique : matière, support, couleur... ; Observer les effets produits par ses gestes, par les outils utilisés ; Tirer parti de trouvailles fortuites, saisir les effets du hasard ; Représenter le monde environnant ou donner forme à son imaginaire en explorant la diversité des domaines (dessin, collage, modelage, sculpture, photographie ...).
	★ **Mettre en œuvre un projet artistique** Respecter l'espace, les outils et les matériaux partagés ; Mener à terme une production individuelle dans le cadre d'un projet accompagné par le professeur ; Montrer sans réticence ses productions et regarder celles des autres.
	★ **S'exprimer, analyser sa pratique, celle de ses pairs ; établir une relation avec celle des artistes, s'ouvrir à l'altérité** Prendre la parole devant un groupe pour partager ses trouvailles, s'intéresser à celles découvertes dans des œuvres d'art ; Formuler ses émotions, entendre et respecter celles des autres ; Repérer les éléments du langage plastique dans une production : couleurs, formes, matières, support...
	★ **Se repérer dans les domaines liés aux arts plastiques, être sensible aux questions de l'art** Effectuer des choix parmi les images rencontrées, établir un premier lien entre son univers visuel et la culture artistique ; S'ouvrir à la diversité des pratiques et des cultures artistiques.

OBJECTIFS PÉDAGOGIQUES

- ★ Choisir des éléments tirés d'objets mécaniques réels.
- ★ Organiser ces choix pour réaliser une machine imaginaire en collage ou assemblage.
  Facultatif : décalquer ces machines (collage ou photo de l'assemblage) pour les présenter sous la forme d'un dessin colorié.
- ★ Écrire un petit texte qui explique le fonctionnement de la machine imaginaire ainsi créée.

SÉANCE 1 > Se représenter le défi

Cette séance est commune aux trois options.

Objectifs

- ★ Comprendre le défi.
- ★ Faire émerger les représentations des élèves.
- ★ Distinguer un objet technique d'un objet ayant un fonctionnement imaginaire.

Matériel

- ★ Texte du défi (application).
- ★ Tablette.

ÉTAPE 1 > Comprendre le défi (10 min)

Sur l'application, s'arrêter sur le texte du défi ou l'afficher au tableau (*cf.* Annexes).

À vous de concevoir une machine qui permettra de créer du violet.

Questionner les élèves :

- Quel est le défi à relever ?
- Comment créer du violet ? Se référer ici à la séquence Défi 1 pour dire que le violet peut s'obtenir par mélange.
- Qu'est-ce qu'une machine ? S'accorder pour dire qu'une machine est un objet fabriqué à partir de plusieurs éléments et qui a une utilité précise. Donner des exemples de machines et dire leur usage.

S'arrêter sur la notion de « concevoir ». Demander aux élèves par quels mots le verbe concevoir pourrait être remplacé dans la consigne du défi. Lister les propositions des élèves : fabriquer, élaborer, construire, assembler, imaginer, créer, penser...

À partir de cette liste de mots, faire remarquer les deux notions sous-jacentes au verbe concevoir qui correspondront aux deux phases du travail de conception :

1. Penser l'objet, le définir.
2. Fabriquer l'objet, ou sa représentation.

ÉTAPE 2 > Premières représentations (10 min)

Dire aux élèves de dessiner une machine qui pourrait répondre à la consigne du défi. Le dessin doit montrer le fonctionnement de la machine.

Les élèves peuvent légender leur dessin.

ÉTAPE 3 > Mise en commun (15 min)

Au préalable, choisir parmi les productions des élèves 4 propositions : deux devront représenter une machine « réaliste » c'est-à-dire un objet qui techniquement pourrait fonctionner ; deux autres représenteront une machine imaginaire, c'est-à-dire dont le fonctionnement peut faire appel à des éléments non réalistes.

Présenter les dessins un par un en demandant aux élèves concernés de décrire leur machine et son fonctionnement. Les afficher au tableau en deux colonnes selon le procédé technique ou imaginaire, sans nommer ni expliciter le classement.

Demander aux élèves d'identifier et comprendre le classement effectué. Nommer alors les deux colonnes : objet technique / objet imaginaire.

Inviter ensuite chaque élève à venir présenter sa machine et à l'afficher au tableau au sein de la colonne adéquate.

ÉTAPE 4 > Un défi technique ou imaginaire ? (5 min)

En conclure qu'il y a deux possibilités pour répondre au défi : concevoir un objet imaginaire ou concevoir un objet technique, qui pourrait fonctionner réellement.

En fonction de l'organisation retenue par la classe, choisir une même option pour toute la classe (on pourra par exemple procéder à un vote), ou laisser chaque groupe se positionner sur l'une des deux possibilités.

OPTION A
CONCEVOIR UN OBJET TECHNIQUE

OPTION A • SÉANCE 2 > Analyser le défi

Objectifs

- Caractériser et analyser le fonctionnement d'un objet.
- Identifier les contraintes d'un objet.

Matériel

- Tableau vierge (*cf.* Annexes).

ÉTAPE 1 > Identifier un fonctionnement (10 min)

Faire rappeler par les élèves :

- l'objet du défi : concevoir une machine permettant de fabriquer du violet ;
- les définitions de « concevoir » et « machine » élaborées en séance 1 ;
- le procédé de fabrication du violet par mélange de couleurs.

Dire aux élèves qu'avant de construire la machine ils vont devoir se représenter la manière dont elle va fonctionner.

Demander aux élèves comment une machine peut mélanger des couleurs. Organiser un brainstorming et noter sur une affiche les propositions des élèves sous forme de verbes. On encouragera les élèves à trouver des verbes d'actions susceptibles de produire un mouvement propre à mélanger deux substances.

Par exemple :

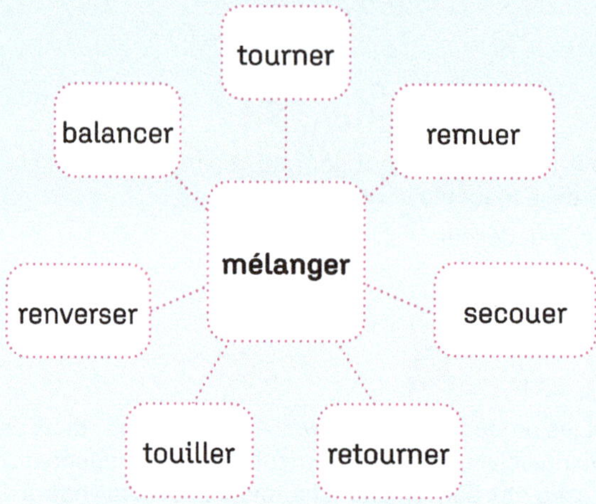

<u>Remarque</u> : les élèves pourront également vouloir produire du violet au moyen d'un procédé autre que le mélange de couleurs, par exemple en extrayant d'un végétal un jus de la couleur violette. On adaptera alors la séance à ces propositions alternatives.

ÉTAPE 2 > Identifier les contraintes 15 min

Expliquer aux élèves qu'outre sa fonction « mélanger », la machine doit également respecter un certain nombre de contraintes qui lui permettront de bien fonctionner et de répondre à l'usage voulu.

Prendre l'exemple d'un stylo-bille. Demander à chaque élève de bien observer son stylo. Nommer les différentes parties. Faire notamment remarquer la bille rotative. Renseigner avec les élèves le tableau suivant (*cf.* Annexes) :

FONCTION : À QUOI SERT L'OBJET ?	ÉCRIRE
Fonctionnement : Comment fonctionne l'objet ?	Le stylo possède une réserve d'encre. L'encre est déposée sur le papier par l'intermédiaire d'une petite bille qui libère l'encre lorsqu'elle est en contact avec le papier et qu'on la déplace en appuyant légèrement et en roulant.
Contraintes : À quoi faut-il penser pour que l'objet fonctionne bien et qu'il puisse être utilisé ?	L'encre ne doit pas couler.
	Le stylo doit bien tenir dans la main.
	Le stylo ne doit pas être lourd, ni trop long.
	Le stylo doit pouvoir se boucher pour que l'encre ne s'échappe pas accidentellement…

Demander aux élèves de lister les contraintes concernant la machine à mélanger les couleurs. Laisser un temps de recherche d'abord individuel puis en binômes. Au CP, on mènera cette recherche à l'oral.

Recenser les propositions des élèves. Par exemple :

- On doit pouvoir verser les couleurs dans la machine.
- On doit pouvoir récupérer le violet une fois produit.
- La machine doit être étanche.
- La machine ne doit pas produire des éclaboussures lors du mélange.
- Le mélange doit être homogène…

ÉTAPE 3 > Conclure 5 min

Compléter l'affiche élaborée lors de l'étape 1 avec le tableau suivant (*cf.* Annexes) :

FONCTION : À QUOI SERT L'OBJET ?	FABRIQUER DU VIOLET
Fonctionnement : Comment fonctionne l'objet ?	En mélangeant du rouge et du bleu
Contraintes : À quoi faut-il penser pour que l'objet fonctionne bien et qu'il puisse être utilisé ?	On doit pouvoir verser les couleurs dans la machine.
	On doit pouvoir récupérer le violet une fois produit.
	La machine doit être étanche.
	La machine ne doit pas produire des éclaboussures lors du mélange.
	Le mélange doit être homogène.

Relire ensemble l'affiche puis demander aux élèves s'ils connaissent des objets existants qui pourraient répondre aux usages et contraintes de la machine.

Recueillir et discuter quelques propositions d'élèves et leur proposer de rapporter ces objets pour la prochaine séance.

OPTION A • SÉANCE 3 > S'inspirer

Objectifs

- Observer un objet et en comprendre le fonctionnement.
- Communiquer en employant le vocabulaire technique.

Matériel

- Objets à observer qui pourraient permettre un mélange de substances, par exemple : essoreuse à salade, fouet à manivelle, toupie, clepsydre, bâton de pluie, shaker...
- Photographies d'objets permettant un mélange (*cf.* Annexes).
- Vignette des objets permettant un mélange (*cf.* Annexes).

ÉTAPE 1 > Des machines inspirantes (10 min)

Afficher la synthèse établie lors de la séance précédente et la relire.

Rassembler les objets collectés par les élèves, éventuellement complétés par des objets apportés par l'enseignant.

Si les objets ne sont pas disponibles dans la classe, on pourra également travailler à partir de photographies (Annexes : diaporama).

Demander aux élèves de les présenter en explicitant la manière dont l'objet peut servir à un mélange. Par exemple, c'est la vitesse de rotation du panier qui permet le mélange dans une essoreuse à salade.

ÉTAPE 2 > Analyser des objets (15 min)

Dire aux élèves qu'ils vont chercher à comprendre comment fonctionne chaque objet.

Répartir les élèves en groupes et distribuer un objet à chaque groupe.

Demander aux élèves d'analyser l'objet pour en comprendre le fonctionnement et ensuite l'expliquer au reste de la classe. En fonction de la nature des objets, on pourra éventuellement autoriser les élèves à les démonter. Le groupe peut schématiser le fonctionnement de l'objet sur une affiche.

Circuler entre les groupes pendant leur travail et apporter le lexique technique nécessaire (engrenage, bras...).

ÉTAPE 3 > Mise en commun (15 min)

Chaque groupe vient présenter ce qu'il a compris du fonctionnement de son objet. On insistera particulièrement sur le procédé qui permet d'obtenir un mélange.

On pourra également faire remarquer en quoi les objets utilisés ne répondent pas toujours à toutes les contraintes identifiées en séance 2. Par exemple, le panier de l'essoreuse à salade est perforé de manière à laisser passer l'eau, alors qu'il devrait être étanche pour contenir des couleurs à mélanger.

Enrichir l'affiche élaborée en séance 2 des images des objets (Annexes : vignettes).

Conclure en rappelant que l'on pourra s'inspirer des mécanismes techniques des objets étudiés pour concevoir une machine, mais que l'objet en lui-même ne pourra être utilisé tel quel car il convient pour le défi de fabriquer une machine.

SÉANCE 4 > Concevoir une machine

Objectifs

- Concevoir les plans d'une machine en respectant un cahier des charges.
- Identifier ses composants.

Matériel

- Affiche élaborée au cours des séances 2 et 3.

ÉTAPE 1 > Dessiner un schéma (15 min)

Effectuer un rappel des séances précédentes à partir de l'affiche élaborée.

Répartir les élèves par groupes.

Demander à chaque groupe de réfléchir à une machine qui permettra de relever le défi et de la dessiner.

Échanger avec les groupes pour s'assurer que les contraintes techniques sont bien prises en compte.

ÉTAPE 2 > Lister le matériel nécessaire (5 min)

Demander à chaque groupe de lister le matériel nécessaire pour sa machine. On privilégiera le matériel de récupération.

Mettre en commun les différentes listes afin d'obtenir une liste commune à toute la classe.

Solliciter les élèves et les familles pour collecter le matériel nécessaire d'ici la prochaine séance.

Prolongement > Rédaction

Rédiger un mot à destination des parents expliquant le projet et proposant de contribuer à la collecte du matériel nécessaire.

SÉANCE 5 > Fabriquer une machine

Objectifs

- Réaliser un objet technique en associant des éléments existants.
- Expérimenter et analyser ses essais pour améliorer son prototype.

Matériel

- Matériaux divers de la classe ou collectés.
- Tablette.

***Remarque* : Cette séance sera à renouveler autant que besoin.**

ÉTAPE 1 > Fabriquer

Mettre à disposition de la classe le plus de matériel possible : cartons, tuyaux, ficelles, clous, chutes de bois, tuteurs, engrenages, tissus, attaches… L'associer au matériel apporté par les élèves.

Répartir les élèves en groupes et reprendre le schéma effectué lors de la séance 4.

Laisser un temps suffisant aux élèves pour assembler les éléments et fabriquer leur machine.

ÉTAPE 2 > Tester

Les élèves ayant terminé leur machine la testent. Ils observent le fonctionnement et apportent les modifications nécessaires.

Répéter la séance autant de fois que nécessaire pour que chaque groupe finalise sa machine.

***Remarque* : si aucun groupe ne parvient pas à faire fonctionner une machine, on pourra produire une maquette ou un dessin détaillé de l'objet pour répondre au défi.**

SÉANCE 6 > Relever le défi

Objectifs

- Embellir sa machine.
- Lui trouver un nom approprié.
- Relever le défi.

Matériel

- Tablette.

ÉTAPE 1 > Finaliser sa machine (20 min)

Une fois les machines terminées sur un plan technique, on pourra permettre aux élèves de les décorer ou les agrémenter.

Inviter les élèves à donner un nom à leur machine.

ÉTAPE 2 > Relever le défi (5 min)

En fonction de l'organisation retenue, on choisira une machine pour l'ensemble de la classe ou on laissera chaque groupe répondre avec sa machine.

À partir de l'application, prendre une photo de la machine.

À l'invitation de l'application, enregistrer une phrase commençant par « Mon objet technique s'appelle… ». Veiller à bien dire « mon objet technique » pour qu'Edgar emprunte le parcours correspondant.

OPTION B
CONCEVOIR UN OBJET IMAGINAIRE

OPTION B • SÉANCE 2 > Réflexions générales et découverte des deux procédés plastiques

Objectifs

- Comprendre le défi.
- Découvrir deux procédés pour réaliser le défi : le collage d'images et l'assemblage d'objets.

Matériel

- Reproductions (Internet) des deux œuvres d'art citées à la fin de l'étape 2 (ci-après) : impression papier, TNI ou Vidéoprojection.

Remarque préalable : ***Réaliser ex-nihilo le projet artistique d'une machine imaginaire est une chose très complexe au cycle 2. Il est donc proposé, après une réflexion générale avec les élèves sur cette machine imaginaire, de s'orienter vers des procédés inventés par les artistes dada et surréalistes (années 1910 et 1920) : le collage d'images et l'assemblage d'objets. Ces œuvres pionnières étaient réalisées à partir d'éléments mécaniques et montraient des machines absurdes, amusantes, critiques de la société mécanistes qui s'organisait alors.***

Ces séances proposent donc aux élèves, après les réflexions libres menées lors de la séance 1, de retrouver le fonctionnement créatif d'une part du collage (piste 1 ci-après) et d'autre part de l'assemblage (piste 2 ci-après). L'un et l'autre de ces fonctionnements consistent à collectionner, de manière très aléatoire, des images d'objets (ici, des machines) ou des objets réels (tout ou parties), puis de les assembler librement, pour réaliser une machine imaginaire en image plate (collage) ou en volume (assemblage), l'une et l'autre ayant toutes les caractéristiques d'une machine réelle, tout autant nouvelle et originale qu'elle sera insolite et improbable... Un des caractères fondamentaux de cette expérience de création est qu'il est impossible de prévoir ou de préméditer le résultat final, qui s'organisera de manière très ludique, au gré des hasards et des « rencontres » de ces éléments mécaniques.

ÉTAPE 1 > Une machine imaginaire... (45 min)

Cette étape consiste à revenir sur la différence entre les machines réalistes et les machines imaginaires dessinées lors de la séance 1, à inventer ici.

Récapituler. Revenir sur les machines qualifiées de machines scientifiques. Rappeler le fait qu'elle ne peut fonctionner qu'à un nombre important de conditions, comme par exemple être branchée sur le secteur, nécessiter l'action d'un geste (pour tourner une manivelle, appuyer sur un bouton, etc.), utiliser des matériaux particulier (de l'eau, du plastique, de la peinture, etc.).

Définir. Décider qu'à l'opposé, la machine imaginaire ne nécessitera aucunement les conditions précédentes, puisque son fonctionnement n'existera que dans l'imaginaire de chacun. Noter la proximité avec la notion de « machine magique », qui fonctionne seulement sur le bon vouloir de celui qui la commande (après expression d'une formule magique, ceci n'étant finalement pas une obligation). Conclure sur un élément fondamental : cette création imaginaire ou magique doit rester une machine. Il ne s'agit donc pas d'imaginer un être vivant, une sorte d'animal ou de végétal. Il faut que la création à venir soit constituée d'éléments mécaniques.

Observer. Afficher au tableau toutes les propositions de machines imaginaires réalisées lors de la séance 1. Observer de près les dessins. Faire s'exprimer leurs auteurs sur le fonctionnement de ces machines et en quoi elles sont imaginaires ou magiques. Convenir que les machines imaginaires qui sont les plus crédibles dans leur fonctionnement sont celles qui présentent des éléments mécaniques reconnaissables dans leur dessin. Inventer des noms pour ces machines, déduits des éléments qui les composent (exemples : le mélangeur volant, la toupie qui roule...).

ÉTAPE 2 > Choix des deux pistes les plus propices (15 min)

Une fois mise en avant l'importance de la présence d'éléments mécaniques sur les créations, condition sine qua non de leur reconnaissance en tant que « machines », proposer aux élèves les deux moyens les plus efficaces de parvenir à cela, le collage et l'assemblage, qui seront les deux pistes à explorer ensuite, pour les créations à proposer ensuite à Edgar.

Le collage. Expliquer que ce procédé consiste à découper des éléments mécaniques dans des images de machines réelles, puis de les assembler entre eux pour réaliser une image nouvelle. Montrer un exemple de collage du patrimoine artistique, par exemple l'œuvre *ABCD* de Raoul Haussmann (1923-24 – Centre Pompidou, Paris)[1], choisie précisément car il s'agit d'un collage relativement peu mécanique (on comprend le principe sans que soit déflorée la recherche des élèves).

L'assemblage et l'installation. Expliquer que ce procédé consiste à faire la même chose qu'en collage, mais à partir d'éléments mécaniques réels, assemblés entre eux. Expliquer ensuite que la technique de l'assemblage, qui nécessite des moyens de fixation complexes (colles très fortes, clous, vis, soudure...), est difficile à réaliser à l'école, et qu'elle sera avantageusement remplacée par l'installation, qui consiste à simplement juxtaposer les objets et photographier ensuite la composition ainsi réalisée. Montre alors deux autres œuvres :

- *La Roue de bicyclette*, Marcel Duchamp (1913)[2] : il s'agit d'un assemblage d'objets, l'un étant vissé sur l'autre.
- *Elephant*, Bill Woodrow (1984)[3] : Les objets mécaniques sont simplement disposés les uns à côté des autres (et trois d'entre eux accrochés au mur).

OPTION B • SÉANCE 3 > Piste 1
Collage à partir d'images découpées

Objectifs

- Rechercher des éléments d'images pouvant permettre le collage.
- Découper avec précision (détourage) ces éléments.
- Les organiser entre eux pour construire l'image d'une machine.
- Écrire le mode d'emploi de la machine créée.
- Observer des oeuvre d'art du patrimoine en relation avec ces créations.

Matériel

- Collection d'images d'objets mécaniques : magazines ou impressions d'images tirées d'Internet: (par exemple organisées par l'enseignant sur une planche A3 - une douzaine d'images au moins) (le fonctionnement décrit dans cette activité étant réalisé à partir d'images d'objets, l'idéal est d'avoir préalablement constitué cette collection).
- Ciseaux.
- Pour création en collage papier : colle.
- Pour création photographique : Application «photo» d'une tablette numérique ou appareil photo numérique
- Étape 4 (facultative) : Papier calque, stylo bille ou feutre fin, photocopieur, crayons de couleurs.

Déroulement et précisions sur ses diverses modalités possibles

Cette pratique se déroule en trois moments, qui sont les étapes traditionnelles de toute création en collage : découpage, organisation et fixation. La dernière étape de cette pratique (étape 3 ci-après) peut se développer de deux manières, ayant chacune leurs avantages et leurs inconvénients :

- **fixation effective :** Une fois disposés sur une feuille vierge les éléments à coller, les élèves les fixent définitivement à la colle. Cette modalité a l'avantage de donner une image stable et bien plane, mais elle rend inutilisables les éléments collés pour une autre création (à moins de détruire le collage en le redécoupant) ;

1. https://www.centrepompidou.fr/fr/ressources/oeuvre/cAneAg6
2. https://www.centrepompidou.fr/es/ressources/oeuvre/gCIMyPS
3. http://e-cours-arts-plastiques.com/une-installation-quest-ce-que-cest/

- **fixation « photographique » :** Les éléments sont disposés sur une feuille vierge et ils sont photographiés. L'inconvénient est que si les éléments ne sont pas parfaitement aplanis, ils risquent de gondoler un peu, ce qui se verra sur la photographie et risque de la rendre moins structurée. L'avantage est que ces éléments peuvent être réutilisés selon une autre organisation ou échangés avec d'autres, autant de fois et pour autant de créations que l'on veut.

Explication de la séance : « Pour réaliser notre machine imaginaire permettant de fabriquer du violet, nous allons utiliser un procédé créatif nommé collage. Il consiste à découper des éléments dans des images, puis de les coller entre eux. On réalise ainsi une image qu'il n'est pas possible d'imaginer à l'avance puisqu'elle va dépendre de ce que l'on trouvera au hasard de notre découverte des images de départ. Elle va donc se créer sous nos yeux, petit à petit, au fur et à mesure de ce que nous rencontrerons et prélèverons dans les images de départ. Ainsi nous serons sûrs de réaliser une machine qui n'existe pas, donc une machine imaginaire. »

ÉTAPE 1 > Discuter et noter les spécificités de la machine à créer

10 min

Cette étape, qui donne quelques pistes de recherches des éléments à découper dans les images, n'est pas indispensable, et peut donc éventuellement être sautée. Dans ce cas les élèves créeront de manière entièrement arbitraire et libre, et ne se questionneront sur le fonctionnement mécanique de leur création qu'à la fin du parcours, au moment de l'écriture du texte décrivant la marche de leur machine imaginaire (*cf.* ci-après).

Récapituler. Revenir sur le texte de la diapositive où Edgar interpelle les « petits aventuriers », et plus précisément la phrase « Aidez-moi à créer une machine pour créer du violet, s'il-vous-plait ». Revenir également avec les élèves sur les deux possibilités de création (réaliste et imaginaire) et confirmer qu'il s'agit ici de répondre à l'option « machine imaginaire ».

Discuter avec les élèves du sens du mot imaginaire. Convenir qu'il s'agit de créer une machine qui n'existe pas dans le monde réel, mais qui existe pleinement dans l'imagination de chacun. Qu'elle peut donc être une machine étonnante, poétique, magique, amusante ou au contraire effrayante voire terrifiante...

Décider des invariants des machines à créer. Expliquer que, même si cette machine à créer du violet est imaginaire, cela ne la dispense pas d'avoir un fonctionnement propre. Convenir avec les élèves qu'il faudra alors qu'elle présente au moins les 3 éléments suivants :

- deux « entrées », pour y intégrer chacune des deux couleurs constitutives du violet (espace ou objet formant un orifice, un entonnoir, un tuyau...) ;
- un « corps » au sein duquel se réalisera le mélange (il formera la partie la plus volumineuse et sans doute la plus libre et la plus créative de la machine) ;
- une « sortie » par laquelle sera produite la couleur violette.

Noter au tableau ces trois éléments, comme une « feuille de route » pour les recherches des élèves.

ÉTAPE 2 > Découper et manipuler

60 min

Plus le détourage des éléments sera précis, plus le collage final sera efficace d'un point de vue visuel. L'aide de l'adulte à ce sujet est donc importante avec les élèves les plus jeunes.

Choisir et isoler. Individuellement, inviter les élèves à feuilleter les magazines (ou parcourent la planche A3 des images de machines réelles) puis découper les éléments qui les intéressent.

Manipuler et disposer, discuter et choisir encore. Par groupe de 2 ou3, leur proposer de déplacer et disposer les éléments sur une feuille vierge, pour réaliser la machine recherchée.

ÉTAPE 3 > Assembler et coller

40 min

La qualité du collage (ou de la photographie) est importante et nécessite, comme l'étape précédente, l'aide de l'adulte dès que nécessaire.

Coller un à un, du plus grand au plus petit. Sur une nouvelle feuille vierge, placée à côté de celle ou est disposé l'assemblage des parties découpées, demander aux élèves de déplacer et coller un à un les éléments, en commençant par le plus grand, puis en continuant jusqu'au plus petit.

Boucher les « trous » éventuels. Quelques espaces vides existeront sans doute entre certains éléments collés. Proposer de les colorier (feutres ou crayons de couleur) de la couleur la plus proche de l'élément limitrophe le plus coloré.

Cas particulier d'un travail à partir de planches A3 en photocopie noir et blanc : Le résultat du collage peut être laissé en noir et blanc, mais il sera facilement amélioré en coloriage aux feutres (qui fonctionnent très bien sur la photocopie).

ÉTAPE 4 (FACULTATIVE) > Décalquer, transférer sur papier et colorier

60 min

Cette étape est à réserver aux plus grands. L'aide de l'enseignant pour la qualité du décalque est importante.

Explicitation de l'étape : « Nous allons maintenant apprendre à transformer notre collage en un dessin colorié. Pour cela, nous allons utiliser un matériau nouveau, le papier calque. »

Décalquer. Inviter les élèves à placer un calque sur le collage (ou sur la photographie imprimée) et détourer tous les éléments importants, avec le plus de détails possibles. Ce travail sera de meilleure qualité s'il est réalisé avec un feutre noir fin (ou stylo à bille). Veiller à ce que les élèves qui décalquent ferment bien leurs formes et suivent minutieusement les tracés du collage.

Transférer sur papier. Ce transfert peut se faire classiquement par passage au crayon graphite (gras – 6B si possible) au verso du calque, le long des tracés, puis par repassage appuyé (stylo bille) sur les lignes du recto (le graphite est ainsi transféré sur le papier). La photocopie du calque est cependant plus rapide et donne des résultats de très belle qualité (avec l'avantage de pouvoir agrandir ou réduire l'image initiale).

Colorier. Demander aux élèves de reprendre aux crayons de couleurs ou feutres les couleurs initiales des éléments collés ou en imaginer librement d'autres.

ÉTAPE 5 > Imaginer et écrire

40 min

***Remarque* : En CP et CE1, cette étape peut rester entièrement orale ou s'organiser en dictée à l'adulte. En tout état de cause, elle est importante car elle forme l'évaluation formative de l'ensemble de l'activité (expression par les élèves de leurs démarches et de leurs ressentis vis-à-vis de leur propre travail et de celui des autres). Le rôle de l'enseignant est crucial ici, pour aider aux concertations au sein des groupes et accompagner ensuite l'expression des démarches et des ressentis.**

Explicitation de l'étape : « Pour que tout le monde comprenne comment fonctionne notre machine, nous allons écrire son fonctionnement, puis nous l'expliquerons à la classe, comme un mode d'emploi. »

Discuter dans le groupe. Observer la machine imaginaire créée et s'interroger collectivement sur le détail de son fonctionnement : par où fait-on entrer les deux couleurs primaires constitutives du violet ? Sur quels leviers (boutons, molettes...) faut-il agir pour faire marcher la machine ? Par où et sous quelle forme est produite la couleur violette ?

***Remarque* : Dans le cas de la création d'une machine « magique », imaginer la formule magique à prononcer (s'inspirer des formulettes des contes déjà connus, ou des formules des romans et films d'Harry Potter – qui « latinisent » des termes ordinaires – exemple : « Mélangum Colori ! »). Indiquer également à quel moment cette formule est à prononcer et s'il faut l'accompagner d'un geste particulier (geste à décrire alors dans le texte).**

Noter les idées et écrire. Une fois stabilisées les idées acceptées en commun, désigner un secrétaire de séance et l'inviter à écrire le fonctionnement (le mode d'emploi) de la machine.

Échanger les idées et les ressentis. Demander à chaque groupe de montrer son travail et lire le texte du fonctionnement de sa machine imaginaire à la classe. Proposer ensuite aux élèves de s'exprimer sur leur compréhension du texte lu, puis échanger sur leurs impressions et ressentis. Animer les discussions et relancer les prises de parole.

ÉTAPE 6 > Mettre en relation avec le patrimoine artistique

15 min

Observer. Le collage et l'assemblage d'objets sont un des procédés les plus caractéristiques de l'art moderne et contemporain. Faire observer les œuvres indiquées ci-après aux élèves (trouvables aisément sur Internet). Les laisser les commenter librement, puis susciter des comparaisons avec leurs propres créations.

- Raoul Haussmann (1886-1971) : collages dadaïstes, comme *Autoportrait du Dadasophe* (1920), *Elasticum* (1920), ou *Tatline vit à la maison* (1920) ;
- Jean Tinguely (1925-1991) : *Machines à dessiner « Méta matics »* (1954-1959). Voir : http://indexgrafik.fr/jean-tinguely-meta-matics/ ;
- Niki de Saint-Phalle (1930-2002) et Jean Tinguely (1925-1991) : *La Fontaine Stravinsky* (entre l'église Saint Meri et le Centre Pompidou, à Paris – 1983). Des machines à projeter de l'eau, comme les machines des élèves (ou celle de l'univers de l'aventure Dipongo) projettent de la couleur.

OPTION B • SÉANCE 3 > Piste 2
Assemblage et installation d'objets

Objectifs

- Choisir des objets ou éléments d'objets pouvant faire office d'éléments de la machine à réaliser.
- Les organiser entre eux (par juxtaposition ou superposition) pour construire une machine.
- Écrire le mode d'emploi de la machine créée.
- Chercher les sons à partir de la manipulation des objets.

Matériel

- Collection d'objets et de morceaux mécaniques.

***Remarque* : Le fonctionnement décrit dans cette activité peut être réalisé, non pas avec des images d'objets, mais avec des objets réels. L'idéal dans ce cas est d'avoir préalablement constitué une collection d'objets et de morceaux de mécaniques à partir d'une récolte dans l'école d'objets de rebut (et d'avoir éliminé les objets potentiellement dangereux). Il est possible d'insérer provisoirement dans cette collection des objets et machines utilisés habituellement dans la classe ou l'école (trottinettes, vélos, matériel de bureau...), car leur manipulation selon le procédé de l'installation (cf. ci-après) ne les altère aucunement.**

Manipuler. Demander aux élèves de choisir les objets qui pourraient former des éléments de leur future machine imaginaire, et les inviter à les disposer les uns à côté (ou sur) les autres, pour expérimenter les possibilités de leurs associations.

Installation (et non pas assemblage). L'assemblage d'objet signifie que ces objets sont fixés entre eux. Il est techniquement trop difficile à l'école primaire de réaliser de tels assemblages, et cela n'est par ailleurs pas souhaitable dans la mesure où les objets assemblés ne sont plus réutilisables ensuite, puisque solidement et définitivement fixés entre eux. C'est pour cette raison qu'on préfèrera largement le procédé de l'installation, qui consiste à simplement juxtaposer les objets (ou éventuellement les superposer, quand c'est possible et ne menace pas l'équilibre et la stabilité de l'ensemble sans collage ou fixation). Une fois l'installation réalisée, elle est photographiée, et c'est la photographie et non l'installation elle-même qui forme la production plastique. Ainsi, les éléments de l'installation, simplement posés les uns à côté des autres, ne sont pas abimés et peuvent être réutilisés pour d'autres compositions.

Explication / Discuter / Noter / Échanger / Observer. Toutes les autres phases de l'activité décrite pour la piste 1 (collage) restent inchangées.

Prolongement. Chercher les sons. Il s'agit d'une spécificité de l'assemblage d'objets réels. Une fois que la photographie de l'installation (la machine imaginaire) a été réalisée, il est possible de manipuler à nouveau les objets qui l'ont formée et d'en tirer des sons en les entrechoquant, les frottant entre eux, ou en soufflant dessus. Le jeu est alors d'enregistrer les sons les plus intéressants (application dictaphone d'une tablette numérique ou d'un smartphone), et de les écouter en observant l'image de l'installation, en expliquant que ce qu'on entend est le son de la machine imaginaire.

SÉANCE 4 > Relever le défi

Objectifs

- Téléverser l'image de la machine créée sur l'application Dipongo

Matériel

- Tablette

Il s'agit ici, pour conclure le travail, d'adresser à Edgar la machine imaginaire à fabriquer du violet.

Choisir ce qui sera adressé à Edgar. Au choix de l'enseignant selon son organisation pédagogique, ou après discussion avec les élèves, décider si une seule machine est déposée pour l'ensemble de la classe ou si chaque groupe répond séparément, avec sa machine.

Déposer sur l'application Dipongo. À partir de l'application, prendre une photo de la machine.

À l'invitation de l'application, enregistrer le texte produit : « Mon objet imaginaire s'appelle... ». Veiller à bien dire « Mon objet imaginaire » pour qu'Edgar emprunte le parcours correspondant.

RÉPONSE AU DÉFI : À VOUS DE JOUER !

Objet technique ou imaginaire, inviter vos élèves à prendre en photo leur réalisation puis enregistrer le nom de la machine.

Bravo, le 3e défi a été relevé !

Annexes Défi 3
Compréhension de l'histoire

Texte de l'histoire

Souligne tous les mots qui désignent des personnages.

Merci pour votre idée petits aventuriers, voyons ce que l'inspecteur en pense. « Mmmm-mh en voilà une drôle d'hypothèse, qu'en pensez-vous tous ? » L'inspecteur se met alors à lire à voix haute le petit récit que vous avez écrit.

« Oh oui, inspecteur, cela nous semble une bonne idée, partons sur cette piste ! »

« Je me joins à vous pour rechercher le suspect. À plusieurs, nous sommes plus forts ! »

Les recherches mènent Edgar et ses nouveaux amis sur un terrain abandonné.

« Oh, Inspecteur, regardez, il n'est plus là. »

Fais la liste de tous les personnages qui interviennent dans cet extrait.

....

....

....

Documents à télécharger en format A4 sur Lea.fr

Annexes Défi 3
Compréhension de l'histoire

Les lieux de l'histoire

Documents à télécharger en format A4 sur Lea.fr

Annexes Défi 3

Le défi

Tableau

FONCTION : À QUOI SERT L'OBJET ?	ÉCRIRE
Fonctionnement : **Comment fonctionne l'objet ?**	
Contraintes : **À quoi faut-il penser pour que l'objet fonctionne bien et qu'il puisse être utilisé ?**	

Objets pour mélanger

Documents à télécharger en format A4 sur Lea.fr

DÉFI 4
QUEL EST LE CODE ?

2 SÉQUENCES

- ★ Compréhension de l'histoire : épisode 4
- ★ Le défi à relever

Compréhension de l'histoire

Épisode 4 : la couleur est recréée

Lors du précédent défi, les élèves ont eu le choix entre deux options : réaliser une machine réaliste (objet technique) ou créer une machine imaginaire. Les deux options mènent à un même parcours : un peu de couleur a pu être créé, il faut maintenant la repropulser dans le paysage.

Texte de l'épisode 4

[Option objet technique]

Quelle idée originale ! Vous pouvez être fiers de vous ! Avec votre invention, l'univers va pouvoir retrouver sa couleur violette perdue ! Une fois l'histoire terminée, vous pourrez essayer de débloquer les autres fins avec de nouvelles créations !

[Option objet imaginaire]

Quelle solution ingénieuse, vous pouvez être fiers de vous ! Avec votre invention, l'univers va pouvoir retrouver sa couleur violette perdue !

Une fois l'histoire terminée, essayez de débloquer les autres fins avec des nouvelles créations !

[Suite commune]

Incroyable ! « Ce procédé est fantastique, je n'en ai jamais vu de pareil. C'est une idée très originale qui je pense va fonctionner. »

Edgar, éloigne-toi un peu, on ne sait pas ce que va donner cette invention. Oh, regarde !

La machine fonctionne, elle produit du violet en tout genre, bravo ! Edgar est stupéfait.

« C'est incroyablement beau. »

Edgar reste un long moment à regarder ces merveilles se former. Arrête de rêver Edgar, rappelle-toi que tu as une mission. « C'est vrai ! Bon, je vais prendre ce petit bout de violet.

Je dois maintenant trouver un moyen de le répandre partout dans la ville. »

Cherchons ici, il doit bien y avoir une machine pour propulser la couleur. Tiens, une pancarte, qu'est-ce qu'il est écrit, Edgar ? « Canon à propulsion ? Mais oui, cela pourrait m'aider ! Montons voir cela de plus près ! »

À l'étage, il y a le canon à couleurs qui, jadis, a projeté toutes les couleurs de l'univers.

Arrivé à sa hauteur Edgar dépose le violet dans le petit réceptacle créé à cet effet. « Bien, maintenant, regardons cela de plus près. Comment mettre en marche ce canon pour qu'il propulse de la couleur ? Oh là là, ce tableau de bord a l'air complexe. »

Objectifs spécifiques

- Comprendre le texte de l'épisode.
- Identifier les pensées et les émotions des personnages.
- Représenter un évènement de l'épisode.

Matériel

- Le rêve d'Edgar (*cf.* Annexes).

EN AMONT > Introduction du vocabulaire

Vocabulaire technique :

- Projeter, propulser, la propulsion, répandre, fonctionner
- Un réceptacle, un tableau de bord, un procédé

Autres :

- Une nuance
- Complexe

ÉTAPE 1 > Diapos de « Voilà… » à « …ville » [objet technique] / « Incroyable… » à « …ville » [objet imaginaire]*

Dire aux élèves qu'ils vont écouter la suite de l'histoire et qu'ils devront ensuite restituer ce qu'ils en ont compris.

Faire défiler l'histoire de « Voilà… » / « Incroyable… » à « …ville ».

Questions ouvertes

Demander : « De quoi vous rappelez-vous ? »
Laisser les élèves répondre à l'oral jusqu'à épuisement des propositions.
Demander : « Qu'avons-nous oublié de dire ? »
Laisser les élèves répondre à l'oral jusqu'à épuisement des propositions.
S'assurer que les réponses des élèves témoignent de la bonne compréhension :

- de ce que produit la machine ;
- de ce qu'Edgar récupère ;
- de ce qu'il lui reste à effectuer.

Compréhension fine : le rêve d'Edgar

Distribuer aux élèves le document (*cf.* Annexes).

Expliquer que les petites bulles servent à indiquer les pensées du personnage.

Rappeler qu'Edgar est en train de rêver devant la profusion de violet. Trouver des éléments auxquels comparer les débordements de violet, par exemple : des montagnes, de la lave, des nuages, des flots…

Écrire alors dans la bulle les pensées d'Edgar, sous la forme d'une rêverie, quand il est devant la machine.

Les élèves non scripteurs pourront dessiner le rêve d'Edgar dans la bulle.

Proposer aux élèves volontaires de lire leur rédaction ou d'expliquer à l'oral leur dessin.

ÉTAPE 2 > Diapos de « Je dois… » à « …complexe »

Dire aux élèves qu'ils vont écouter la suite de l'histoire et qu'ils devront ensuite restituer ce qu'ils en auront compris.

Faire défiler l'histoire de « Je dois… » à « …complexe ».

Questions ouvertes

Demander : « De quoi vous rappelez-vous ? »
Laisser les élèves répondre à l'oral jusqu'à épuisement des propositions.
Demander : « Qu'avons-nous oublié de dire ? »
Laisser les élèves répondre à l'oral jusqu'à épuisement des propositions.
S'assurer que les réponses des élèves témoignent de la bonne compréhension :

- du rôle de la machine devant laquelle se trouve Edgar.

Compréhension fine : le canon à propulsion

Lister avec les élèves tous les éléments qui décrivent la machine : « canon », « propulsion », « projeter », « réceptacle », « tableau de bord », « complexe ».

Demander aux élèves de dessiner le canon à propulsion et la manière dont le canon a jadis projeté les couleurs dans l'univers.

ÉTAPE 3 > S'assurer de la bonne compréhension de l'ensemble de l'épisode

Réécouter avec l'application l'ensemble de l'épisode en demandant aux élèves d'être particulièrement attentifs aux différentes émotions ressenties par Edgar.

Lister avec les élèves des adjectifs pouvant qualifier l'état d'Edgar pendant l'épisode. On pourra utiliser l'amorce : « Edgar est... ». Veiller à ce que les élèves justifient leurs propositions.

Par exemple : Edgar est admiratif devant la machine créée. Il dit que le procédé est fantastique.

Écrire l'ensemble des adjectifs trouvés par les élèves au tableau. Par exemple : Edgar est étonné, émerveillé, curieux, concentré, volontaire, admiratif, ébahi, rêveur...

Projeter le diaporama de l'épisode et associer à chaque image l'adjectif le plus approprié.

En conclure qu'au cours d'un même épisode, les émotions et les pensées d'un personnage évoluent avec l'action.

Défi

Quel est le code ?

Recherche de tous les possibles

Dans ce défi, les élèves cherchent un code permettant d'activer la machine qui propulsera la couleur dans le monde. Ce code correspond au nombre de combinaisons différentes de 5 couleurs identifiées par les élèves. La machine se comportera différemment en fonction du nombre de combinaisons trouvé. Ici encore c'est le raisonnement et l'engagement des élèves dans la recherche qui sont valorisés : toutes les réponses conformes à la consigne sont acceptées.

L'application permettant de revenir sur le défi plusieurs fois, on pourra lors de nouvelles tentatives progressivement chercher un nombre de solutions plus importantes, voire l'exhaustivité des solutions, et ainsi déclencher une réaction différente de la machine et une suite alternative à l'histoire.

Ce défi s'inscrit dans le domaine de la résolution de problème en mathématiques. La résolution de problème vise à développer les capacités des élèves à chercher, raisonner et communiquer. Au cycle 2, les programmes placent « la résolution de problèmes au centre de l'activité mathématique des élèves » et précisent que « les problèmes permettent d'aborder de nouvelles notions, de consolider des acquisitions, de provoquer des questionnements ».

Le défi prend la forme d'un problème atypique, également appelé problème pour chercher. Le guide Eduscol « Pour enseigner les mathématiques au CP », citant Catherine Houdement, définit les problèmes atypiques « par leur caractère non routinier ; les élèves ne disposent pas de stratégies connues a priori pour les résoudre ». Leur résolution nécessite donc « une phase de recherche plus marquée s'appuyant sur la mémoire de problèmes et la mobilisation des acquis. »

On visera avec ce type de problème « l'inventivité stratégique et la prise de risque ».

Le défi vise donc en premier lieu à développer chez les élèves le raisonnement logique, la créativité, la capacité de s'organiser dans une recherche et de communiquer un résultat.

L'objet de la séquence sera alors d'acculturer les élèves avec le type de problème posé par le défi. Leur résolution nécessite :

- de combiner différents éléments pour former des ensembles ;
- d'élaborer plusieurs combinaisons différentes possibles ;
- de chercher l'exhaustivité de ces combinaisons ;
- de trouver une organisation permettant d'en rendre compte.

Avant de répondre au défi, on amènera alors les élèves à rencontrer plusieurs problèmes analogues, de complexité croissante, afin que les élèves élaborent des stratégies de recherche et s'en emparent progressivement. On constituera ainsi une mémoire du problème.

Chaque séance est composée des mêmes étapes :

- Compréhension du problème posé.
- Élaboration d'une stratégie pour le résoudre, en s'appuyant sur des analogies avec un modèle connu.
- Mobilisation d'outils pour la recherche : matériel de manipulation, dessin, schéma, tableau, arbres à choix…
- Phase de recherche individuelle pour que chacun se confronte au problème.
- Phase de recherche collective lors de laquelle les élèves mutualisent et argumentent sur leurs stratégies et s'accordent sur la résolution.
- Organisation de la solution. La solution étant une collection il conviendra de la présenter de manière lisible.
- Vérification de sa validité.
- Mise en commun portant sur les différentes stratégies mobilisées.
- Synthèse constituant une mémoire du problème.

La différenciation s'opèrera par le choix des procédures à valoriser et la mise à disposition de matériel de manipulation. L'utilisation de cubes colorés emboitables est particulièrement adaptée au problème posé. En fonction des besoins des élèves on pourra les proposer dès la phase de résolution, pour chercher les différentes solutions, ou lors de la phase de vérification, pour s'assurer de la validité de la solution.

En prolongement de la séquence, on trouvera d'autres problèmes analogues pour continuer à s'entrainer.

COMPÉTENCES TRAVAILLÉES	
Mathématiques Cycle 2	**Chercher :** ★ S'engager dans une démarche de résolution de problèmes en observant, en posant des questions, en manipulant, en expérimentant, en émettant des hypothèses, si besoin avec l'accompagnement du professeur après un temps de recherche autonome. ★ Tester, essayer plusieurs pistes proposées par soi-même, les autres élèves ou le professeur.
	Représenter : ★ Appréhender différents systèmes de représentations (dessins, schémas, arbres de calcul, etc.).
	Raisonner : ★ Anticiper le résultat d'une manipulation, d'un calcul, ou d'une mesure. ★ Tenir compte d'éléments divers (arguments d'autrui, résultats d'une expérience, sources internes ou externes à la classe, etc.) pour modifier ou non son jugement. ★ Prendre progressivement conscience de la nécessité et de l'intérêt de justifier ce que l'on affirme.
	Communiquer : ★ Utiliser l'oral et l'écrit, le langage naturel puis quelques représentations et quelques symboles pour expliciter des démarches, argumenter des raisonnements.
OBJECTIFS PÉDAGOGIQUES	
Résoudre un problème atypique complexe	★ Comprendre l'énoncé du problème. ★ S'acculturer avec un type de problème atypique. ★ Élaborer des stratégies de résolution et les réinvestir. ★ S'exercer à combiner des éléments pour construire un ensemble de possibles. ★ Contrôler que tous les cas ont été envisagés.
Raisonner	★ Construire une représentation du problème en le mettant en lien avec des situations connues. ★ Chercher, tâtonner. ★ S'organiser dans sa recherche.

SÉANCE 1 > Avant le défi

Objectifs

★ S'acculturer avec un type de problème atypique.
★ S'exercer à combiner des éléments pour construire un ensemble de possibles.
★ S'organiser dans sa recherche et contrôler que tous les cas ont été envisagés.
★ Donner forme à sa réponse.

Matériel

★ Énoncé : Les tenues d'Oumi (*cf.* Annexes).
★ Pictogrammes grand format (*cf.* Annexes).
★ Étiquettes à manipuler (*cf.* Annexes).

> **Les tenues d'Oumi**
> Oumi est une petite fille très coquette. Elle aime s'habiller différemment chaque jour.
> Dans son armoire elle possède :
> - pour la tête : une casquette et un bandeau ;
> - pour le haut du corps : un t-shirt et une chemise ;
> - pour les jambes : un pantalon et une jupe.
>
> Trouve toutes les tenues différentes possibles que peut porter Oumi.
> Combien y en a-t-il ?

ÉTAPE 1 > Comprendre la situation (10 min)

Expliquer aux élèves qu'ils vont travailler sur un problème pour chercher.

Distribuer ou projeter l'énoncé «Les tenues d'Oumi» aux élèves (*cf.* Annexes). Le lire.

Questionner les élèves :

- Que raconte ce problème ?
- Que veut *Oumi* ?
- Quels habits possède-t-elle ? (On pourra dessiner les habits ou afficher les pictogrammes correspondant annexe 2.)
- Qu'est-ce qu'une tenue ? On entend par tenue un ensemble composé d'un élément pour la tête, d'un pour le haut du corps et d'un autre pour les jambes. Dessiner au tableau un exemple de tenue complète.
- Que faut-il chercher ? On insistera bien sur le fait que les tenues doivent être toutes différentes.

ÉTAPE 2 > Recherche individuelle 5 min

S'assurer que chaque élève dispose d'un espace pour la recherche : cahier dédié ou feuille.

Dire aux élèves qu'ils vont dans un premier temps chercher individuellement des solutions au problème.

Laisser un temps de recherche de 5 min.

<u>Différenciation</u> : pour aider les élèves on pourra proposer aux élèves les étiquettes prédécoupées à manipuler (annexe 3), qui permettront de constituer les tenues.

À l'issue du temps de recherche demander aux élèves le nombre de tenues différentes trouvées.

ÉTAPE 3 > Recherche collective 10 min

Regrouper les élèves par 3 ou 4.

Dire aux élèves qu'ils vont devoir :

- se mettre d'accord sur une solution commune ;
- présenter cette solution de manière claire ;
- répondre à la question : « Comment être certain qu'il n'y a pas d'autres tenues possibles ? ».

Laisser un temps de recherche de 5 à 10 min. Les élèves comparent leurs productions, identifient les doublons, s'accordent sur une solution commune.

A l'issue du temps de recherche demander à chaque groupe le nombre de tenues différentes trouvées.

ÉTAPE 4 > Mise en commun 15 min

Demander à chaque groupe de venir présenter sa réponse en reprenant les 3 attendus de l'étape précédente.

Comparer les différentes démarches, les manières de présenter les réponses. On valorisera les présentations claires, ordonnées et lisibles. On différenciera l'utilisation des dessins, des schémas voire des symboles pour constituer les tenues (par exemple C – T – P pour Casquette – T-shirt – Pantalon). La symbolisation permettra aux élèves de se détacher progressivement de l'histoire racontée dans l'énoncé pour généraliser sur une typologie de problèmes.

S'accorder sur une réponse commune et sur une démarche permettant de s'assurer de l'exhaustivité des réponses. On pourra utiliser pour cela une présentation linéaire, sous la forme d'arbre ou d'un tableau.

Représentation imagée :

Tableau :

1er choix	Casquette				Bandeau			
2e choix	T-shirt		Chemise		T-shirt		Chemise	
3e choix	Pantalon	Jupe	Pantalon	Jupe	Pantalon	Jupe	Pantalon	Jupe
Tenues	1	2	3	4	5	6	7	8

Arbre :

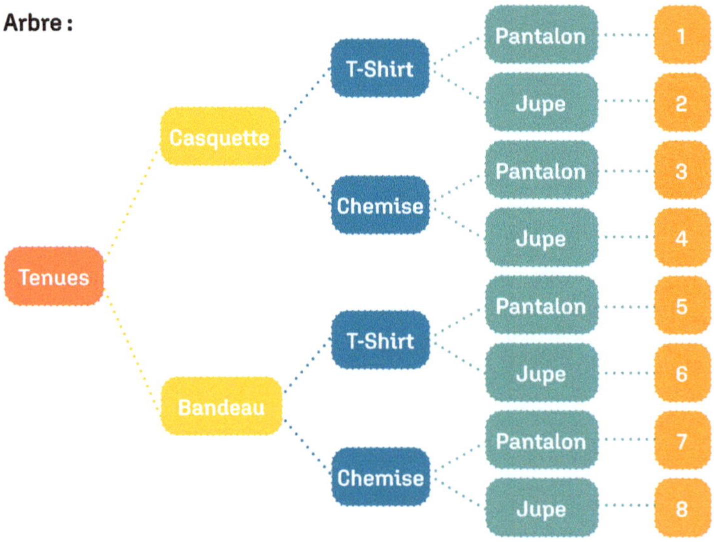

Conclure : demander aux élèves de dire la procédure utilisée pour résoudre ce problème. On gardera trace de la synthèse. Par exemple :

Pour résoudre le problème d'Oumi il faut :

- combiner différents éléments (ici les habits) pour former des groupes de 3 ;
- utiliser une stratégie de recherche, par exemple : fixer un 1er élément et faire varier le 2e, puis faire varier le 3e élément ;
- organiser la recherche (représentation, schéma, tableau, arbre…) ;
- présenter la réponse ;
- Compter le nombre de réponses.

SÉANCE 2 › S'approprier le défi

Objectifs

- Comprendre l'énoncé du défi.
- Construire une représentation du problème en le mettant en lien avec des situations connues.
- Réinvestir les stratégies élaborées lors de la séance 1.

Matériel

- Capture d'écran de l'application (*cf.* Annexes ou application).
- Matériel pour la recherche : feuilles, cahiers, feutres, cubes colorés emboitables…

ÉTAPE 1 > Comprendre le défi (5 min)

Sur l'application, s'arrêter sur le texte du défi ou l'afficher au tableau (*cf.* Annexes).

« J'ai l'impression qu'il faut rentrer un code pour propulser le violet. C'est ça ! Je dois trouver le maximum de combinaisons différentes possibles entre ces 5 couleurs. Ouh la la, mais ce n'est pas évident ! Pourriez-vous m'aider, petits aventuriers ? »

Questionner les élèves :

- Quel est le défi à relever ?
- Comment trouver le code ? (Faire le lien entre la réponse au problème et le code à trouver.)
- Que veut dire propulser ? Qu'est-ce qu'une combinaison ?
- Quelles sont les 5 couleurs ?
- Que faut-il chercher ?

ÉTAPE 2 > Faire des analogies (5 min)

Amener les élèves à comprendre que pour répondre au défi, il convient de résoudre le problème de combinaison des couleurs.

Demander aux élèves à quelle(s) autre(s) situation(s) ce problème leur fait penser.

Identifier les analogies avec le problème « Les tenues d'Oumi » :

- la combinaison de plusieurs éléments ;
- la recherche de combinaisons différentes ;
- la nécessité d'en trouver le plus possible.

Relire alors la synthèse effectuée en fin de séance 1 pour se remémorer la démarche et dire qu'elle peut être réutilisée.

ÉTAPE 3 > S'entrainer à mettre en œuvre une procédure de résolution (15 min)

Annoncer alors aux élèves qu'ils vont s'entrainer à résoudre le défi, mais en utilisant dans un premier temps 3 couleurs.

Écrire l'énoncé au tableau : « Trouver le plus de combinaisons de 3 couleurs possibles en utilisant les couleurs rouge, jaune et bleu ».

Préciser qu'on ne peut utiliser deux fois une même couleur dans une combinaison.

Mettre à la libre disposition des élèves du matériel : cahier ou feuilles pour la recherche, cubes emboitables colorés, feutres...

Laisser un temps de recherche individuel de 5 minutes environ.

Demander aux élèves de dire le nombre de combinaisons trouvées.

Regrouper les élèves par deux.

Dire aux élèves qu'ils vont devoir :

- se mettre d'accord sur une solution commune ;
- présenter cette solution de manière claire ;
- répondre à la question : « Comment être certain d'avoir trouvé le plus de combinaison possibles ? »

Laisser un temps de recherche de 5 à 10 min. Les élèves comparent leurs productions, identifient les doublons, s'accordent sur une démarche et une solution commune.

À l'issue du temps de recherche, demander à chaque groupe le nombre de combinaisons trouvées.

ÉTAPE 4 > Mise en commun (15 min)

Présenter différentes productions des binômes que l'on aura repérées pendant la recherche pour la diversité des procédures utilisées.

Comparer les différentes démarches, les manières de présenter les réponses. On valorisera les présentations claires, ordonnées et lisibles. On différenciera l'utilisation du matériel de manipulation (cube), des schémas voire des symboles (par exemple B – R – J pour Bleu – Rouge – Jaune).

Pour les élèves qui ne l'auraient pas compris, insister sur l'importance de l'ordre et la place des couleurs dans les combinaisons. Par exemple Bleu – Rouge – Jaune diffère de Jaune – Rouge – Bleu.

S'accorder sur la réponse commune : 6

Demander aux élèves d'expliquer comment être certain d'avoir identifié l'ensemble des combinaisons possibles.

On présentera différentes démarches et organisation.

Représentations :

On cherche toutes les combinaisons en positionnant le rouge en premier, puis le bleu, puis le jaune.

Tableau :

1er choix	Rouge		Bleu		Jaune	
2^{e} choix	Jaune	Bleu	Rouge	Jaune	Bleu	Rouge
3e choix	Bleu	Jaune	Jaune	Rouge	Rouge	Bleu
Combinaisons	1	2	3	4	5	6

Arbre :

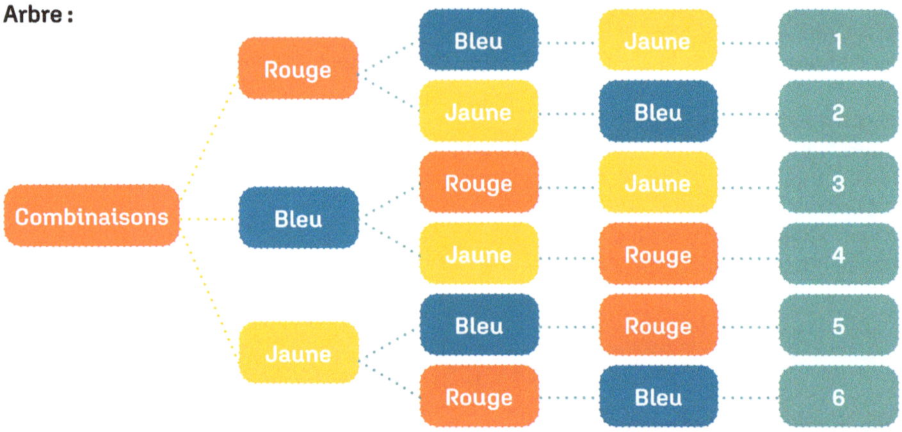

En conclure que les stratégies élaborées lors de la résolution du problème « Les tenues d'Oumi » peuvent être réutilisées. Il s'agit du même type de problème.

Afficher la synthèse de la séance 1 et vérifier que les stratégies de résolutions s'appliquent aux deux situations.

Pour résoudre le problème il faut :

- combiner différents éléments (ici les couleurs) pour former des groupes de 3 ;
- utiliser une stratégie de recherche, par exemple : fixer un 1er élément et faire varier le 2e, puis faire varier le 3e élément ;
- organiser la recherche (représentation, schéma, tableau, arbre...) ;
- présenter la réponse ;
- compter le nombre de réponses.

SÉANCE 3 › Relever le défi

Objectifs

- Résoudre un problème atypique complexe.
- Mobiliser des stratégies élaborées lors de la résolution de problèmes similaires.
- S'organiser dans une recherche.

Matériel

- Tablette
- Capture d'écran de l'application (*cf.* Annexes ou application).
- Synthèse de la séance 1.
- Traces des solutions trouvées pour les problèmes des séances 1 et 2.
- Matériel pour la recherche : feuilles, cahiers, feutres, cubes colorés emboitables...

***Remarques* :**

- ***La séance telle que décrite ici est prévue pour amener la classe à une réponse commune suite à un travail d'élaboration en sous-groupes. Son déroulé doit être adapté si l'on souhaite que chaque groupe, ou chaque élève produise sa propre réponse.***
- ***Il n'est pas nécessaire de trouver le nombre maximum de combinaisons possibles pour relever le défi. On acceptera donc dans un premier temps la réponse trouvée par les élèves, même si elle n'est pas optimale. L'application permet de revenir a posteriori sur le défi pour donner une nouvelle réponse. C'est l'objet de la séance 4.***

ÉTAPE 1 > Préparer le défi (5 min)

Sur l'application, s'arrêter sur le texte du défi ou l'afficher au tableau.

> *« J'ai l'impression qu'il faut rentrer un code pour propulser le violet. C'est ça ! Je dois trouver le maximum de combinaisons différentes possibles entre ces 5 couleurs. Ouh la la, mais ce n'est pas évident ! Pourriez-vous m'aider, petits aventuriers ? »*

Rappeler avec les élèves :
- le sens général du défi, ce qu'il faut chercher,
- les 5 couleurs utilisées,
- l'importance de la place respective de chaque couleur,
- le fait de ne pas répéter deux fois une même couleur au sein d'une combinaison.

Demander aux élèves à quelle(s) autre(s) situations le défi les fait penser ? Identifier les 2 problèmes des séances précédentes. En conclure que la même démarche pourra être mobilisée pour résoudre ce défi.
Afficher la synthèse de la séance 1 et les traces des solutions trouvées pour les problèmes des séances 1 et 2. Les ré-expliciter avec les élèves.
Verbaliser la différence entre ce problème et les problèmes précédents : le nombre d'éléments à combiner.

ÉTAPE 2 > Recherche (20 min)

Demander aux élèves ce dont ils auraient besoin pour la recherche. Mettre ce matériel à disposition, en libre-service : feuilles, cahiers, feutres, cubes colorés emboitables…
Rappeler les attendus :
- trouver le plus possible de combinaison différentes des 5 couleurs, sans répéter deux fois la même solution ;
- présenter sa solution de manière ordonnée.

Répartir les élèves en groupes.
Laisser un temps conséquent aux élèves pour chercher.

ÉTAPE 3 > Mise en commun (10 min)

Demander à chaque groupe le nombre de combinaisons trouvées.
Afficher au tableau la réponse du groupe qui en a trouvé le plus. Vérifier ou faire vérifier par les autres élèves la validité de la réponse (absence de doublon entre les combinaisons).
Si la réponse est validée, entrer la réponse dans l'application : le nombre de combinaisons trouvé.

RÉPONSE AU DÉFI : À VOUS DE JOUER !

Inviter un élève à enregistrer sur l'application la réponse : le nombre de combinaisons trouvé.

Bravo, le 4e défi a été relevé !

SÉANCE 4 > Retour sur le défi

Objectifs
- Trouver toutes les combinaisons possibles de manière exhaustive.
- S'entrainer sur un même type de problème atypique.

Matériel
- Matériel pour la recherche : feuilles, cahiers, feutres, cubes colorés emboitables…

ÉTAPE 1 > Rappel du défi (5 min)

Rappeler le défi aux élèves et s'assurer de la bonne compréhension de tous.

« J'ai l'impression qu'il faut rentrer un code pour propulser le violet. C'est ça ! Je dois trouver le maximum de combinaisons différentes possibles entre ces 5 couleurs. Ouh la la, mais ce n'est pas évident ! Pourriez-vous m'aider, petits aventuriers ? »

Dire qu'il s'agit aujourd'hui de trouver toutes les combinaisons possibles, sans en oublier aucune. Demander aux élèves comment s'organiser pour être certain de n'oublier aucune combinaison. Comparer les démarches proposées. Se mettre d'accord sur une démarche commune.

ÉTAPE 2 > Recherche (20 min)

Répartir les élèves en groupe. Mettre le matériel pour la recherche en libre-service, à disposition des élèves. Organiser la recherche au sein des groupes. On pourra par exemple répartir les tâches entre élèves :

- chaque élève du groupe s'occupe de trouver les combinaisons à partir d'une même couleur de base. Ainsi un élève qui aura le bleu comme couleur initiale, cherchera les combinaisons à partir des 4 couleurs restantes (soit 24 combinaisons possibles) ;
- un élève peut être chargé de vérifier l'absence de doublon ;
- un élève peut être chargé d'organiser la collection sur la feuille réponse.

Laisser un temps de recherche aux élèves.

ÉTAPE 3 > Mise en commun (10 min)

Demander à chaque groupe le nombre de combinaisons trouvé.
Présenter les productions de chacun. Comparer solutions et démarches.
S'accorder sur une même réponse : 120.
Entrer la réponse dans l'application.

RÉPONSE AU DÉFI : À VOUS DE JOUER !

Inviter un élève à enregistrer sur l'application la réponse : le nombre de combinaisons trouvé.

Bravo, le 4e défi a été relevé !

PROLONGEMENTS

On pourra continuer à s'entrainer régulièrement sur des problèmes qui nécessitent d'organiser des combinaisons d'éléments pour rechercher tous les possibles.
On se réfèrera pour cela de manière explicite aux procédures précédemment utilisées.

Banque de problèmes

1 **Cherche tous les nombres à deux chiffres que tu peux écrire avec les chiffres 3 et 7.**
Attention tu ne peux utiliser qu'une fois chaque chiffre par nombre.

2 **Cherche tous les nombres à trois chiffres que tu peux écrire avec les chiffres 1, 4 et 8.**
Attention tu ne peux utiliser qu'une fois chaque chiffre par nombre.

3 Le marchand de glace propose les parfums suivants : chocolat, fraise, vanille, pistache, citron.
Cherche toutes les combinaisons de 3 boules différentes possibles.

4 Le marchand de glace propose les parfums suivants : chocolat, fraise, vanille, pistache, citron.
Cherche toutes les combinaisons de 4 boules différentes possibles.

5 Pour créer son nouveau drapeau, l'île de Kalawati souhaite combiner les 4 couleurs qui la représentent : le bleu de la mer, le jaune du sable, le vert de la nature, le rouge du volcan.
Les couleurs seront disposées sur le drapeau sous la forme de bandes verticales ou horizontales.
Trouve tous les drapeaux différents qu'il est possible de réaliser avec ces 4 couleurs.

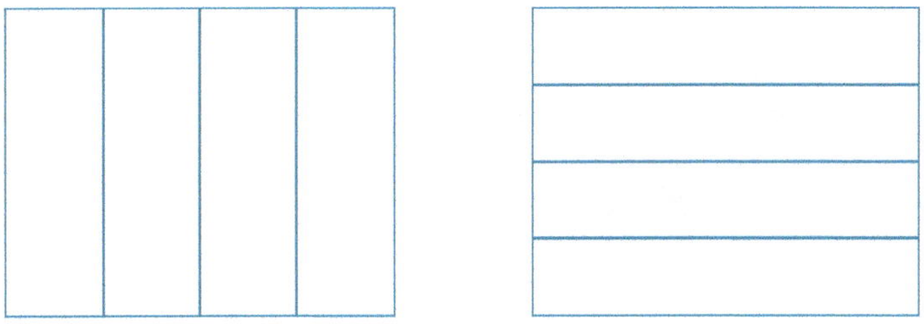

6 Le menu du restaurant propose :

- ★ En entrée : carotte râpée – sardine – œuf dur mayonnaise
- ★ En plat : salade composée – hachis parmentier – steack frite
- ★ En dessert : mousse au chocolat – tarte aux pommes - glace

Un menu est composé d'une entrée, d'un plat et d'un dessert.
Un client souhaite déguster un menu différent chaque jour.
Pendant combien de jour pourra-t-il venir sans qu'on lui serve deux fois le même menu ?

Annexes Défi 4

Compréhension de l'histoire

Le rêve d'Edgar

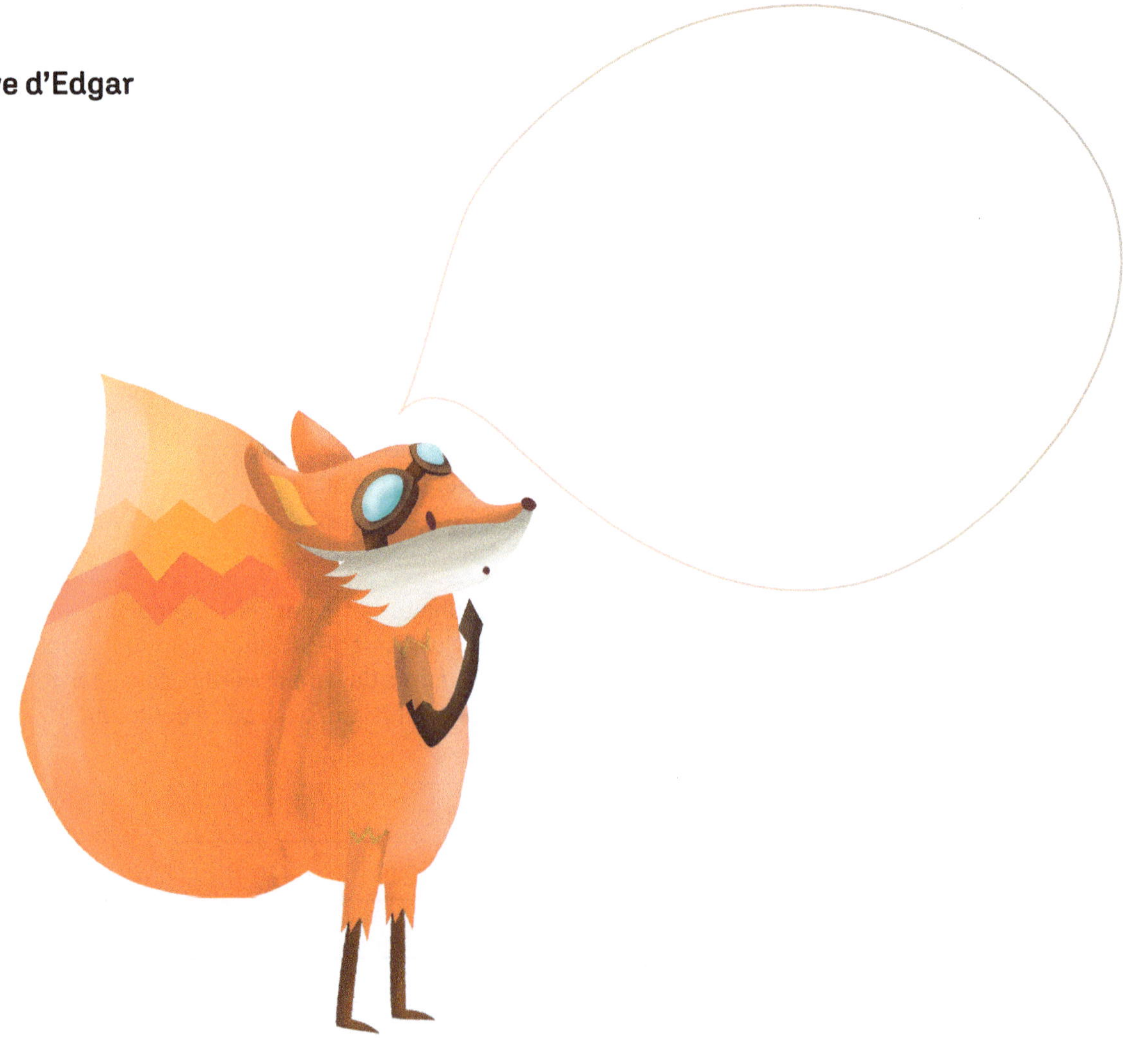

Le défi

Les tenues d'Oumi

Oumi est une petite fille très coquette. Elle aime s'habiller différemment chaque jour.
Dans son armoire elle possède :

- pour la tête : une casquette et un bandeau ;
- pour le haut du corps : un t-shirt et une chemise ;
- pour les jambes : un pantalon et une jupe.

Trouve toutes les tenues différentes possibles que peut porter Oumi.

Combien y en a-t-il ?

Documents à télécharger en format A4 sur Lea.fr

Annexes Défi 4

Le défi

Les vêtements

Étiquettes

Casquette	Bandeau	T-Shirt	Chemise	Pantalon	Jupe
Casquette	Bandeau	T-Shirt	Chemise	Pantalon	Jupe
Casquette	Bandeau	T-Shirt	Chemise	Pantalon	Jupe
Casquette	Bandeau	T-Shirt	Chemise	Pantalon	Jupe

Documents à télécharger en format A4 sur Lea.fr

Annexes Défi 4

Le défi

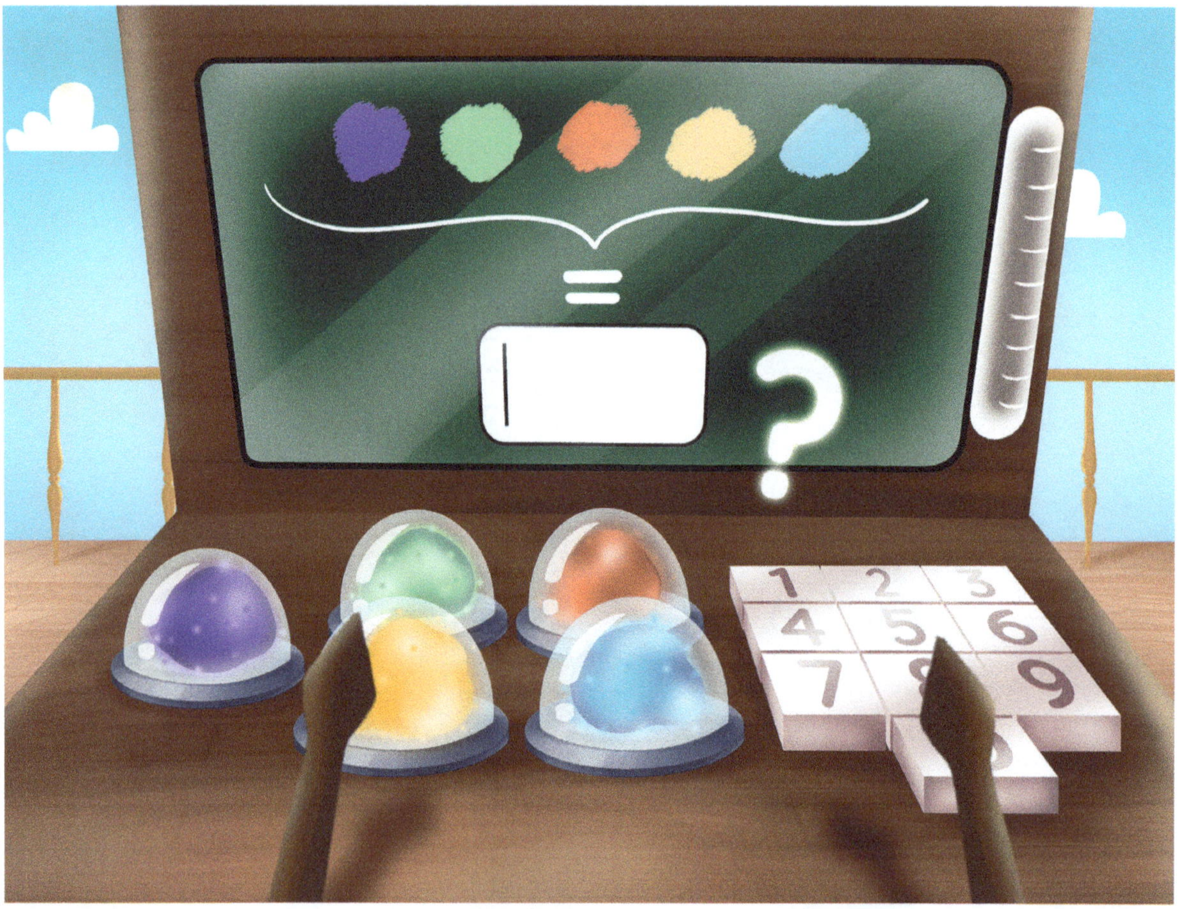

Texte du défi

« J'ai l'impression qu'il faut rentrer un code pour propulser le violet. C'est ça ! Je dois trouver le maximum de combinaisons différentes possibles entre ces 5 couleurs. Ouh la la, mais ce n'est pas évident ! Pourriez-vous m'aider, petits aventuriers ? »

Documents à télécharger en format A4 sur Lea.fr

DÉFI 5

COMMENT RECOLORER LE PAYSAGE ?

2 SÉQUENCES

- Compréhension de l'histoire :
  - Option A - Score faible
  - Option B - Score moyen
  - Option C - Score élevé
- Le défi à relever

Compréhension de l'histoire

Épisode 5 : le canon à propulsion

Lors du 4e épisode, les élèves ont dû résoudre un problème mathématique : trouver le plus de combinaisons possibles pour activer le canon à propulsion. Selon le chiffre proposé, la machine à propulsion indique trois scores : faible, moyen, élevé. Chaque score mène à un scénario différent dans l'épisode 5 (*cf.* Parcours dans l'introduction). De ce fait, trois séquences de compréhension distinctes (les scénarios) sont ici proposées, selon le score obtenu. Les nuances entre les trois scénarios sont ici plus subtiles (principalement dans le lexique).

Texte de l'épisode 5 > Scénario A • Score faible

« Voilà, essayons ça. Cela ne remplit pas la jauge entièrement, mais juste assez pour entendre un petit bruit. On dirait qu'il se passe quelque chose, non ? »

Regarde Edgar, le canon éjecte quelques petites particules violettes qui s'envolent. Ces fines gouttelettes semblent bien se fixer aux objets. « Je crois que nous avons réussi à réintroduire le violet. »

« C'est discret, le violet est timide, mais avec le temps il se propagera de lui-même ! Bien joué petits aventuriers. Redescendons annoncer la nouvelle aux habitants. »

« Merci Edgar ! Notre village est de nouveau le plus coloré qui soit. » « C'est ce que je vois. Et maintenant, je compte bien poursuivre ma découverte de votre univers. Ce fut un plaisir de vous aider. » Edgar et les habitants se disent au revoir et notre petit renard continue sa route vers les collines.

C'est vrai que cet univers est le plus coloré qu'Edgar n'ait jamais visité. Quel plaisir de se promener dans toutes ces couleurs !

Mais que se passe-t-il ? Quand il arrive au sommet de la colline, il découvre que le paysage qui est de l'autre côté n'a plus aucune couleur !!! Quelle déception !

Objectifs spécifiques

- Comprendre le texte de l'épisode.
- Se mettre dans la peau d'un personnage.
- Émettre des hypothèses en s'appuyant sur les éléments de l'histoire.
- Extraire l'information essentielle d'un texte.

Matériel

- Liste de titres (*cf.* Annexes).

Liste de titres

1. Une étrange explosion.
2. Rien ne va plus sur la colline.
3. Tout est bien qui finit bien.
4. Les couleurs retrouvées… ou presque.
5. Un village multicolore.

EN AMONT > introduire le vocabulaire

Vocabulaire technique :

- La jauge, une particule
- Se propager

Vocabulaire exprimant une émotion :

- La déception

Autre :

- Une colline

ÉTAPE 1 > Diapos de « Voilà... » à « ...habitants »

Dire aux élèves qu'ils vont écouter la suite de l'histoire et qu'ils devront ensuite restituer ce qu'ils en auront compris.

Faire défiler l'histoire jusqu'à « habitants ».

Questions ouvertes

Demander : « De quoi vous rappelez-vous ? »
Laisser les élèves répondre à l'oral jusqu'à épuisement des propositions.
Demander : « Qu'avons-nous oublié de dire ? »
Laisser les élèves répondre à l'oral jusqu'à épuisement des propositions.
S'assurer que les réponses des élèves témoignent de la bonne compréhension :

- de l'action de la machine :
- de la raison pour laquelle « le violet est timide ».

Compréhension fine : Edgar et les villageois

Rappeler, avec les élèves, les rôles tenus par Edgar auprès des habitants tout au long de l'aventure :

- il discute ;
- il les comprend ;
- il les rassure ;
- il les aide.

Demander aux élèves d'imaginer le discours que pourrait prononcer Edgar à destination des villageois une fois qu'il les aura rejoints.

On pourra aider les élèves en définissant le contenu du discours : résumer l'aventure partagée avec les villageois, partager ses sentiments, parler de l'avenir, dire au revoir...

Proposer à quelques élèves de dire ce discours.

ÉTAPE 2 > Diapos de « Merci Edgar... » au défi

Dire aux élèves qu'ils vont écouter la suite de l'histoire et qu'ils devront ensuite restituer ce qu'ils en auront compris.

Faire défiler l'histoire jusqu'au défi.

Questions ouvertes

Demander : « De quoi vous rappelez-vous ? »
Laisser les élèves répondre à l'oral jusqu'à épuisement des propositions.
Demander : « Qu'avons-nous oublié de dire ? »
Laisser les élèves répondre à l'oral jusqu'à épuisement des propositions.
S'assurer que les réponses des élèves témoignent de la bonne compréhension :

- de la raison pour laquelle Edgar repart ;
- de ce qu'il découvre.

Compréhension fine : un monde sans couleur

Demander aux élèves ce que découvre Edgar une fois au sommet de la colline. Insister sur la différence avec l'aventure précédente : ce sont désormais toutes les couleurs qui ont disparu.

Émettre des hypothèses expliquant la disparition de l'ensemble des couleurs.

S'assurer que ces hypothèses sont cohérentes avec le reste de l'histoire.

ÉTAPE 3 > S'assurer de la bonne compréhension de l'ensemble de l'épisode

Réécouter avec l'application l'ensemble de l'épisode.

Distribuer ou présenter la liste des titres (*cf.* Annexes) aux élèves. Dire qu'il s'agit de propositions de titres relatives à cet épisode.

Installer les élèves en binômes et leur demander de choisir, parmi les différentes propositions, le titre le plus adapté. Les élèves pourront également rédiger une proposition de titre pour ce passage.

Mettre en commun les réponses des élèves. Encourager les élèves à justifier leur choix.

Texte de l'épisode 5 / Scénario B • Score moyen

« Voilà, essayons ça. Je pense que nous avons trouvé un nombre de combinaisons suffisant car la jauge est bien remplie. Vous entendez ? La machine se met en route. Ça fume ! Il se passe quelque chose ici. »

Regarde Edgar, le canon éjecte quelques petites particules violettes qui s'envolent. Ces fines gouttelettes semblent bien se fixer aux objets. « Je crois que nous avons réussi à réintroduire le violet. »

« C'est discret, le violet est timide, mais avec le temps il se propagera de lui-même ! Bien joué petits aventuriers. Redescendons annoncer la nouvelle aux habitants. »

« Merci Edgar ! Notre village est de nouveau le plus coloré qui soit. » « C'est ce que je vois. Et maintenant, je compte bien poursuivre ma découverte de votre univers. Ce fut un plaisir de vous aider. » Edgar et les habitants se disent au revoir et notre petit renard continue sa route vers les collines.

C'est vrai que cet univers est le plus coloré qu'Edgar n'ait jamais visité. Quel plaisir de se promener dans toutes ces couleurs !

Mais que se passe-t-il ? Quand il arrive au sommet de la colline, il découvre que le paysage qui est de l'autre côté n'a plus aucune couleur !!! Quelle déception !

Objectifs spécifiques

- Comprendre le texte de l'épisode.
- Se mettre dans la peau d'un personnage.
- Émettre des hypothèses en s'appuyant sur les éléments de l'histoire.
- Extraire l'information essentielle d'un texte.

Matériel

- Liste de titres (*cf.* Annexes).

Liste de titres

1. Une étrange explosion.
2. Rien ne va plus sur la colline.
3. Tout est bien qui finit bien.
4. Les couleurs retrouvées… ou presque.
5. Un village multicolore.

EN AMONT > Introduire le vocabulaire

Vocabulaire technique :

- La jauge, une particule

Vocabulaire exprimant une émotion :

- La déception

Autre :

- Une colline

ÉTAPE 1 > Diapos de « Voilà... » à « ...retrouver »

Dire aux élèves qu'ils vont écouter la suite de l'histoire et qu'ils devront ensuite restituer ce qu'ils en auront compris.

Faire défiler l'histoire jusqu'à « ...retrouver ».

Questions ouvertes

Demander : « De quoi vous rappelez-vous ? »
Laisser les élèves répondre à l'oral jusqu'à épuisement des propositions.
Demander : « Qu'avons-nous oublié de dire ? »
Laisser les élèves répondre à l'oral jusqu'à épuisement des propositions.
S'assurer que les réponses des élèves témoignent de la bonne compréhension :

- de l'action de la machine ;
- de la raison pour laquelle les habitants se réjouissent.

Compréhension fine : Edgar et les villageois

Rappeler, avec les élèves, les rôles tenus par Edgar auprès des habitants tout au long de l'aventure :

- il discute ;
- il les comprend ;
- il les rassure ;
- il les aide.

Demander aux élèves d'imaginer le discours que pourrait prononcer Edgar à destination des villageois une fois qu'il les aura rejoints.

On pourra aider les élèves en définissant le contenu du discours : résumer l'aventure partagée avec les villageois, partager ses sentiments, parler de l'avenir, dire au revoir...

Proposer à quelques élèves de dire ce discours.

ÉTAPE 2 > Diapos de « Merci Edgar... » au défi

Dire aux élèves qu'ils vont écouter la suite de l'histoire et qu'ils devront ensuite restituer ce qu'ils en auront compris.

Faire défiler l'histoire jusqu'au défi.

Questions ouvertes

Demander : « De quoi vous rappelez-vous ? »
Laisser les élèves répondre à l'oral jusqu'à épuisement des propositions.
Demander : « Qu'avons-nous oublié de dire ? »
Laisser les élèves répondre à l'oral jusqu'à épuisement des propositions.
S'assurer que les réponses des élèves témoignent de la bonne compréhension :

- de la raison pour laquelle Edgar repart ;
- de ce qu'il découvre.

Compréhension fine : un monde sans couleur

Demander aux élèves ce que découvre Edgar une fois au sommet de la colline. Insister sur la différence avec l'aventure précédente : ce sont désormais toutes les couleurs qui ont disparu.

Émettre des hypothèses expliquant la disparition de l'ensemble des couleurs.

S'assurer que ces hypothèses sont cohérentes avec le reste de l'histoire.

ÉTAPE 3 > S'assurer de la bonne compréhension de l'ensemble de l'épisode

Réécouter avec l'application l'ensemble de l'épisode.

Distribuer ou présenter la liste des titres (*cf.* Annexes) aux élèves. Dire qu'il s'agit de propositions de titres relatives à cet épisode.

Installer les élèves en binômes et leur demander de choisir, parmi les différentes propositions, le titre le plus adapté. Les élèves pourront également rédiger une proposition de titre pour ce passage.

Mettre en commun les réponses des élèves. Encourager les élèves à justifier leur choix.

Texte de l'épisode 5 / Scénario C • Score élevé

« Voilà, essayons ça. Super, la jauge est pleine, la machine va fonctionner. Whaou mais ça tremble, ça fume et quel bruit ! Éloignons-nous, je pense qu'on a chargé le canon au maximum ! »

Dans un bruit étourdissant, la machine lance un incroyable feu d'artifice de violet. Les particules de violet vont pouvoir se fixer sans peine sur les objets. C'est une véritable réussite.

« Euh, la machine ne s'arrête plus et le violet commence à déborder. »

« Edgar, stoppe cette machine, le violet se répand trop vite et il masque maintenant certaines autres couleurs. Appuie sur le bouton rouge » Edgar est un peu gêné. Il arrête immédiatement le canon. « Pardon, je me suis peut-être un peu emballé. Je rejoins maintenant les habitants. Merci pour votre aide ! »

« Hourra ! Hourra ! » La foule se réjouit. Ce joli spectacle doit être visible depuis en bas. « Nous avons réussi les amis. Voilà que le violet est à nouveau répandu partout. Je descends vous retrouver. »

« Merci Edgar ! Notre village est de nouveau le plus coloré qui soit. » « C'est ce que je vois. Et maintenant, je compte bien poursuivre ma découverte de votre univers. Ce fut un plaisir de vous aider. » Edgar et les habitants se disent au revoir et notre petit renard continue sa route vers les collines.

C'est vrai que cet univers est le plus coloré qu'Edgar n'ait jamais visité. Quel plaisir de se promener dans toutes ces couleurs !

Mais que se passe-t-il ? Quand il arrive au sommet de la colline, il découvre que le paysage qui est de l'autre côté n'a plus aucune couleur !!! Quelle déception !

Objectifs spécifiques

- Comprendre le texte de l'épisode.
- Se mettre dans la peau d'un personnage.
- Émettre des hypothèses en s'appuyant sur les éléments de l'histoire.
- Extraire l'information essentielle d'un texte.

Matériel

- Liste de titres (*cf.* Annexes).

EN AMONT > Introduire le vocabulaire

Vocabulaire technique :

- La jauge, une particule
- Un bruit étourdissant
- Se répandre

Vocabulaire exprimant une émotion :

- La déception
- S'emballer

Autre :

- Une colline

ÉTAPE 1 > Diapos de « Voilà... » à « ...aide »

Dire aux élèves qu'ils vont écouter la suite de l'histoire et qu'ils devront ensuite restituer ce qu'ils en auront compris.

Faire défiler l'histoire jusqu'à « ...aide ».

Questions ouvertes

Demander : « De quoi vous rappelez-vous ? »
Laisser les élèves répondre à l'oral jusqu'à épuisement des propositions.
Demander : « Qu'avons-nous oublié de dire ? »
Laisser les élèves répondre à l'oral jusqu'à épuisement des propositions.
S'assurer que les réponses des élèves témoignent de la bonne compréhension :

- de l'action de la machine ;
- du rôle du bouton rouge sur la machine.

Compréhension fine : Edgar et les villageois

Rappeler, avec les élèves, les rôles tenus par Edgar auprès des habitants tout au long de l'aventure :

- il discute ;
- il les comprend ;
- il les rassure ;
- il les aide.

Demander aux élèves d'imaginer le discours que pourrait prononcer Edgar à destination des villageois une fois qu'il les aura rejoints.

On pourra aider les élèves en définissant le contenu du discours : résumer l'aventure partagée avec les villageois, partager ses sentiments, parler de l'avenir, dire au revoir...

Proposer à quelques élèves de dire ce discours.

ÉTAPE 2 > Diapos de « Merci Edgar... » au défi

Dire aux élèves qu'ils vont écouter la suite de l'histoire et qu'ils devront ensuite restituer ce qu'ils en auront compris.

Faire défiler l'histoire jusqu'au défi.

Questions ouvertes
Demander : « De quoi vous rappelez-vous ? »
Laisser les élèves répondre à l'oral jusqu'à épuisement des propositions.
Demander : « Qu'avons-nous oublié de dire ? »
Laisser les élèves répondre à l'oral jusqu'à épuisement des propositions.
S'assurer que les réponses des élèves témoignent de la bonne compréhension :

- de la raison pour laquelle Edgar repart ;
- de ce qu'il découvre.

Compréhension fine : un monde sans couleur

Demander aux élèves ce que découvre Edgar une fois au sommet de la colline. Insister sur la différence avec l'aventure précédente : ce sont désormais toutes les couleurs qui ont disparu.

Émettre des hypothèses expliquant la disparition de l'ensemble des couleurs.

S'assurer que ces hypothèses sont cohérentes avec le reste de l'histoire.

ÉTAPE 3 > S'assurer de la bonne compréhension de l'ensemble de l'épisode

Réécouter avec l'application l'ensemble de l'épisode.

Distribuer ou présenter la liste de titres (*cf.* Annexes) aux élèves. Dire qu'il s'agit de propositions de titres relatives à cet épisode.

Installer les élèves en binômes et leur demander de choisir, parmi les différentes propositions, le titre le plus adapté. Les élèves pourront également rédiger une proposition de titre pour ce passage.

Mettre en commun les réponses des élèves. Encourager les élèves à justifier leur choix.

Le défi

Comment recolorer le paysage ?

Paysages diurnes / nocturnes

Ce dernier défi propose une progression de trois séances, chacune en lien avec les trois possibilités de paysages que les élèves sont invités à réaliser puis transmettre sur l'application Dipongo. Les élèves vont en effet s'intéresser à trois types de paysage plus particulièrement : des paysages par beau temps, par mauvais temps ou de nuit.

Pour chacune de ces possibilités, la culture picturale sera convoquée, afin de s'inspirer des œuvres des grands artistes du patrimoine, et plus précisément de ceux qui sont cités au tout début de l'aventure, lorsque Edgar est dans le musée des Beaux-arts : impressionnistes et fauvistes.

Il est proposé de travailler à chaque fois sur un type de paysage, laissant le loisir de revenir ensuite à ce défi pour travailler sur les autres types.

Les quatre domaines de compétences du cycle 2 en Arts plastiques sont travaillés dans cette progression (conformément à la dimension spiralaire de la discipline). Les compétences détaillées ci-après (cf. tableau) sont celles qui sont travaillées avec le plus d'intensité.

COMPÉTENCES TRAVAILLÉES	
Arts plastiques (cycle 2)	**Expérimenter, produire, créer :** ★ Représenter le monde environnant ou donner forme à son imaginaire en explorant la diversité des domaines (dessin, collage, modelage, sculpture, photographie…).
	Mettre en œuvre un projet artistique : ★ Mener à terme une production individuelle dans le cadre d'un projet accompagné par le professeur. ★ Montrer sans réticence ses productions et regarder celles des autres.
	S'exprimer, analyser sa pratique, celle de ses pairs ; établir une relation avec celle des artistes, s'ouvrir à l'altérité : ★ Prendre la parole devant un groupe pour partager ses trouvailles, s'intéresser à celles découvertes dans des œuvres d'art. ★ Formuler ses émotions, entendre et respecter celles des autres. ★ Repérer les éléments du langage plastique dans une production : couleurs, formes, matières, support…
	Se repérer dans les domaines liés aux arts plastiques, être sensible aux questions de l'art : ★ Effectuer des choix parmi les images rencontrées, établir un premier lien entre son univers visuel et la culture artistique. ★ S'approprier quelques œuvres de domaines et d'époques variés appartenant au patrimoine national et mondial.

OBJECTIFS PÉDAGOGIQUES
Utiliser les couleurs adéquates pour colorier un paysage diurne par beau temps ★ Ambiance colorée réaliste. Couleurs en écho à des œuvres impressionnistes. ★ Ambiance colorée imaginaire. Couleurs en écho à des œuvres fauvistes.
Utiliser les couleurs adéquates pour colorier un paysage diurne par mauvais temps ★ Ambiance colorée réaliste. Couleurs en écho à des œuvres impressionnistes.
Utiliser les couleurs adéquates pour colorier un paysage nocturne ★ Ambiance colorée réaliste. Couleurs en écho à des œuvres impressionnistes.

SÉANCE 1 > Un paysage diurne par beau temps

Réaliser un paysage diurne par beau temps est sans doute l'idée qui vient à l'esprit en premier pour répondre au défi d'Edgar. L'observation d'œuvres impressionnistes permettra aux élèves de saisir quelles couleurs sont les plus aptes à exprimer une ambiance lumineuse diurne, un jour de beau temps. Un élargissement à l'observation des œuvres fauvistes pourra permettre de travailler un environnement paysager imaginaire, aux couleurs plus vives et diversifiées.

Les deux étapes de cette séquence peuvent être réalisées selon trois options :

- **l'une après l'autre, pour toute la classe :** Tous les élèves créent un paysage diurne de beau temps réaliste, puis un paysage imaginaire (beau temps également) ;
- **simultanément, en divisant la classe en 2 groupes :** Les phases 1, 2 et 3 de chaque séance (Réflexion et hypothèses sur les couleurs à utiliser / Observation des deux œuvres / Déduction des couleurs utilisées par les artistes) sont traitées simultanément par toute la classe, et les phases 3 (Créations) sont réalisées au choix des élèves (qui réalisent un paysage réaliste ou bien imaginaire) ;
- **l'une ou l'autre .** L'enseignant (ou les élèves) décide de ne réaliser que l'une des deux séances (paysage réaliste ou bien imaginaire).

Objectifs

- Observer des oeuvres du patrimoine pour en analyser la couleur et la lumière.
- Déduire de ces observation les couleurs qu'il faut utiliser pour donner à un paysage une ambiance de beau temps, de mauvais temps ou de nuit.

Matériel

- *Meules, fin de l'été* (1890), Claude Monet (*cf.* Annexes).
- *La montagnes Sainte-Victoire vue des Lauves,* (1902 – 1906), Paul Cézanne.
- *Hyde Park* (1904 – 1906), André Derain (1880-1954).
- *L'Estaque*, Georges Braque (1882-1963).

ÉTAPE 1 > Observation et analyse d'œuvres impressionnistes pour un paysage réaliste

75 min

Explicitation de l'étape : « Pour pouvoir réaliser un paysage de plein jour et de beau temps, nous allons d'abord chercher quelques idées par nous-mêmes. Puis nous compléterons nos réflexions par l'observation de deux œuvres de grands artistes. »

Réflexion et hypothèses sur les couleurs à utiliser. Deux temps pour cette phase, correspondant à deux questions aux élèves :

- « Quelles couleurs peuvent apparaitre sur le paysage du monde d'Edgar, un jour de beau temps ? » Noter au tableau les propositions.
- « Quelle est la plus grande caractéristique commune à ces couleurs ? » Amener les élèves à appréhender qu'il s'agit de couleurs vives et/ou claires.

Observation des deux œuvres. Présenter les deux œuvres ci-dessous (en projection côte à côte si possible). Demander de les observer silencieusement durant environ une minute. Laisser ensuite les élèves

MEULES, FIN DE L'ÉTÉ, 1890, CLAUDE MONET (1840-1926), MUSÉE D'ORSAY, PARIS

LA MONTAGNES SAINTE-VICTOIRE VUE DES LAUVES, 1902 – 1906, PAUL CÉZANNE (1839-1906), KANSAS CITY (MISSOURI), THE NELSON- ATKINS MUSEUM OF ART

s'exprimer librement. Constater qu'il s'agit de deux paysages diurnes, par beau temps. Vérifier cela par leurs titres (celui de Monet étant explicite à ce sujet).

Constater que les couleurs de ces deux tableaux sont réalistes. Les meules de foin sont jaunes et orangées dans leurs parties à l'ombre, les plantes sont vertes, les montagnes au loin sont bleutées car très éloignées, le ciel est bleu avec quelques parties blanches (nuages).

Déduction des couleurs utilisées par les artistes. Comparer les couleurs des tableaux à la liste préétablie (*cf.* ci-dessus). Observer le cercle chromatique du défi n°1 et constater qu'on retrouve dans les deux œuvres beaucoup des nuances du cercle, de même que des tons montés (éclaircis avec du blanc). Constatez qu'il n'y a que très peu de tons descendus (foncés avec du noir), et que les rares qui existent sont dans les ombres.

Impressionnisme. Rappeler, comme cela a été vu lors de la première activité sur le vocabulaire du musée (*cf.* Défi 1 Compréhension de l'histoire), la façon particulière que les deux peintres utilisent pour poser la couleur : ils font de petites taches (Monet) ou de petits traits (Van Gogh), que l'on nomme leur « touche ». Revenir également sur le fait que cette manière de peindre tient à ce qu'ils ont peint l'un et l'autre « sur le motif », c'est-à-dire dans la nature. Pour observer la lumière du soleil, qui change très vite surtout quand il y a des nuages dans le ciel, il faut peindre rapidement et mélanger les couleurs presque directement sur la toile, ou simplement les juxtaposer. C'est à cause de cette exigence de rapidité qu'ils peignent par « touches ».

Revenir enfin sur le fait qu'à une époque où **la photographie vient d'être inventée** (en 1827), ces peintres veulent réaliser des images qui ne ressemblent pas à des photographies (sinon, autant devenir photographe !), et tentent donc de mettre dans leurs images ce que la photographie ne sait pas (encore) faire : la couleur (montrer éventuellement des photographies de paysages en noir et blanc de l'époque des deux tableaux – recherche Internet). Rappeler enfin qu'en faisant cela, ces peintres représentent surtout leurs *impressions* colorées et lumineuses, c'est pour cela qu'on les appelle *impressionnistes*.

Créations. Utiliser les connaissances acquises dans les phases précédentes pour colorer avec les couleurs adéquates le paysage du monde d'Edgar. Sur les espaces suffisamment larges (le ciel, par exemple), inciter les élèves à tenter d'utiliser la touche impressionniste, à la peinture. Les petites surfaces, trop difficiles à traiter au pinceau, peuvent être réalisées aux crayons de couleurs ou aux feutres.

ÉTAPE 2 > Observation et analyse d'œuvres fauvistes pour un paysage imaginaire

75 min

Explicitation de l'étape : « Les paysages du monde d'Edgar ne sont pas très réalistes ! Il est donc possible de lui proposer un paysage aux couleurs imaginaires. Pour pouvoir réaliser ce paysage, toujours en plein jour et par beau temps, nous allons travailler comme pour la séance précédente : d'abord chercher quelques idées par nous-mêmes, puis compléter nos réflexions par l'observation de deux nouvelles œuvres de grands artistes. »

Réflexion et hypothèses sur les couleurs à utiliser. Deux temps également pour cette phase, correspondant à deux questions aux élèves :

- « Quelles couleurs peuvent apparaitre sur un paysage imaginaire, où les choses n'ont pas obligatoirement les mêmes couleurs que dans notre monde réel, un jour de beau temps ? » Noter au tableau les propositions.
- « Quelle est la plus grande caractéristique commune à ces couleurs ? » Amener les élèves à appréhender qu'il s'agit toujours de couleurs vives et/ou claires, mais qu'elles ne sont pas obligatoirement les « vraies » couleurs des éléments habituels d'un paysage.

Observation des deux œuvres. Même fonctionnement que pour la phase 1 de l'étape précédente. L'accent est mis sur la dimension non réaliste des couleurs, avec la même explication de ce choix par les artistes pour se démarquer de la photographie.

Déduction des couleurs utilisées par les artistes. Comparer les couleurs des tableaux à la liste établie précédemment. Observer le cercle chromatique du défi n°1 et constater qu'on retrouve dans les deux œuvres la quasi-totalité des nuances du cercle, mais aucun ton monté (ou très peu) ni aucun ton descendu.

Fauvisme : Comme vu lors de la première activité sur le vocabulaire du musée, revenir sur le fait que les peintres fauvistes (ou fauves) sont la génération qui suit celle des impressionnistes et qu'ils agissent

L'ESTAQUE, GEORGES BRAQUE (1882-1963), MUSÉE DE L'ANNONCIADE, SAINT-TROPEZ.

HYDE PARK, 1904 – 1906, ANDRÉ DERAIN, (1880-1954), MUSÉE D'ART MODERNE, TROYES

au début du XXe siècle, à une époque où les premières photographies en couleurs commencent à être développées. Rappeler donc que, comme les impressionnistes, ils veulent réaliser des peintures qui ne ressemblent pas à des photographies, ils n'hésitent pas à changer les couleurs du réel, et utilisent la couleur non pas pour représenter la réalité de ce qu'ils voient, mais la réalité de ce qu'ils ressentent (s'ils sont émus par exemple par la beauté d'un rayon de soleil sur un feuillage, ils décident de le peindre non pas en vert mais en rouge, pour montrer la force de leur émotion).

Créations. Utiliser les connaissances acquises dans les phases précédentes pour colorer avec les couleurs adéquates le paysage du monde d'Edgar. Sur les espaces suffisamment larges (le ciel, par exemple), inciter les élèves à tenter d'utiliser la touche (qui est utilisée aussi par les fauvistes), à la peinture. Les petites surfaces, trop difficiles à traiter au pinceau, peuvent être réalisées aux crayons de couleurs ou aux feutres.

SÉANCE 2 > Un paysage diurne par mauvais temps

L'idée de réaliser un paysage diurne par mauvais temps est une manière de réinvestir ce qui, dans la séquence sur la création du cercle chromatique (*cf.* Défi 1), avait été étudié au sujet de la notion de ton descendu. Cette séance ne comporte qu'une seule étape.

ÉTAPE 1 > Un paysage diurne par mauvais temps (75 min)

Explicitation de l'étape : « Et s'il ne faisait pas beau le jour où Edgar se promène dans son univers ? Pour

LA ROUTE DE VERSAILLES À LOUVECIENNES, EFFET DE NEIGE (1869), CAMILLE PISSARRO, JACOB ABRAHAM PISSARRO, DIT (1830-1903), THE WALTERS ART GALLERY, DÉPÔT DE LA COLLECTION GEORGES A. LUCAS, MARYLOND, INSTITUTE, COLLEGE OF ART, BALTIMORE

LA JETÉE DU HAVRE PAR MAUVAIS TEMPS, (1867 – 1868), CLAUDE MONET (1840-1926), COLLECTION GABRIEL SABET, GENÈVE

pouvoir réaliser ce paysage, toujours en plein jour mais cette fois par mauvais temps, nous allons travailler comme pour la séance précédente : d'abord chercher quelques idées par nous-mêmes, puis compléter nos réflexions par l'observation de deux nouvelles œuvres de grands artistes. »

Réflexion et hypothèses sur les couleurs à utiliser. Deux temps également pour cette phase, correspondant à deux questions aux élèves :

- « Quelles couleurs peuvent apparaitre sur un paysage, un jour de mauvais temps ? » Noter au tableau les propositions.
- « Quelle est la plus grande caractéristique commune à ces couleurs ? » Amener les élèves à appréhender qu'il s'agit toujours de couleurs peu vives et/ou peu claires, et essentiellement ce qu'on a nommé des tons descendus (nuances mélangées avec du noir – en très petite quantité).

Observation des deux œuvres. Même fonctionnement que pour la séance précédente. L'accent est à nouveau mis sur la dimension réaliste, donc à partir d'œuvres impressionnistes, avec la même explication de ce choix par les artistes pour se démarquer de la photographie.

Déduction des couleurs utilisées par les artistes. Comparer les couleurs des tableaux à la liste de la phase 1. Observer le cercle chromatique du défi n°1 et constater qu'on ne retrouve dans les deux œuvres aucune des nuances du cercle à l'exception des couleurs tertiaires (au centre de l'étoile des primaires et des secondaires), et seulement des tons descendus.

Créations. Utiliser les connaissances acquises dans les phases précédentes pour colorer avec les couleurs adéquates le paysage du monde d'Edgar. Sur les espaces suffisamment larges (le ciel, par exemple), inciter les élèves à tenter d'utiliser la touche impressionniste, à la peinture. Les petites surfaces, trop difficiles à traiter au pinceau, peuvent être réalisées aux crayons de couleurs ou aux feutres.

SÉANCE 3 > Un paysage nocturne

L'idée de réaliser un paysage nocturne est enfin une manière de réinvestir ce qui, dans la séquence sur la création du cercle chromatique (*cf.* Défi 1), avait été étudié au sujet de la notion de contrastes et (surtout) à nouveau de ton descendu. Cette séquence ne comporte qu'une seule séance.

ÉTAPE 1 > Un paysage nocturne (75 min)

Explicitation de l'étape : « Et s'il faisait nuit sur le monde d'Edgar ? Pour pouvoir réaliser un paysage nocturne, nous allons travailler comme pour les séances précédentes : d'abord chercher quelques idées par nous-mêmes, puis compléter nos réflexions par l'observation de deux nouvelles œuvres d'un grand artiste. »

Réflexion et hypothèses sur les couleurs à utiliser. Deux temps également pour cette phase, correspondant à deux questions aux élèves :

- « Quelles couleurs peuvent apparaitre sur un paysage de nuit ? » Noter au tableau les propositions.

NUIT ÉTOILÉE (1889), VINCENT VAN GOGH (1853-1890), LEGS DE LILLIE P. BLISS, THE MUSEUM OF MODERN ART, NEW YORK

LA NUIT ÉTOILÉE (1888), VINCENT VAN GOGH (1853-1890), MUSÉE D'ORSAY, PARIS

- « Quelle est la plus grande caractéristique commune à ces couleurs ? » Amener les élèves à appréhender qu'il s'agit toujours de couleurs très sombres, avec beaucoup de noir et aussi des tons descendus (nuances mélangées avec du noir – cette fois en plus grande quantité).

Observation des deux œuvres. Même fonctionnement que pour la phase 1 de la séance précédente. L'accent est à nouveau mis sur la dimension réaliste, donc à partir d'œuvres impressionnistes, avec la même explication de ce choix par les artistes pour se démarquer de la photographie.

Déduction des couleurs utilisées par les artistes. Comparer les couleurs des tableaux à la liste précédemment établie. Observer le cercle chromatique du défi n°1 et constater qu'on ne retrouve dans les deux œuvres aucune des nuances du cercle à l'exception éventuelle du bleu foncé, et presque exclusivement des tons descendus.

Importance du contraste lumineux. Noter le contraste avec certaines couleurs vives (trouvables dans le cercle chromatique), qui sont les éléments lumineux du paysage (étoiles et lune, réverbères, fenêtre des maisons éclairées à l'intérieur...). Insister sur le fait que ce sont ces contrastes (lumières dans le noir coloré de la nuit) qui donnent l'ambiance colorée et (surtout) lumineuse de la nuit.

Créations. Utiliser les connaissances acquises dans les phases précédentes pour colorer avec les couleurs adéquates le paysage du monde d'Edgar. Sur les espaces suffisamment larges (le ciel, par exemple), inciter les élèves à tenter d'utiliser la touche impressionniste, à la peinture. Les petites surfaces, trop difficiles à traiter au pinceau, peuvent être réalisées aux crayons de couleurs ou aux feutres.

SÉANCE 4 > Relever le défi

Une seule production (à la fois) pouvant être téléchargée dans l'application, discuter des productions, et voter pour élire celle qui sera choisie pour le téléversement sur l'application. En cas de difficultés pour le vote, une solution simple est de présenter les productions à une autre classe, qui choisit librement de manière neutre la production à fournir à Edgar. Une dernière solution étant, à ce sujet, de voter pour plusieurs productions particulièrement réussies, et de tirer au sort parmi elles.

Il est possible de téléverser l'une après l'autre chaque production pour observer le rendu dans le cadre de l'application, et ainsi décider collectivement de celle qui sera choisie cette fois-ci. Rappeler si besoin aux élèves qu'ils pourront à tout moment revenir sur ce dernier défi pour téléverser une autre production.

RÉPONSE AU DÉFI : À VOUS DE JOUER !

Paysage diurne (par beau ou mauvais temps), paysage nocturne, le choix de la création est maintenant fait. Inviter un élève à prendre en photo la production retenue et la téléverser dans l'application... pour qu'elle apparaisse dans le musée !

Bravo, le dernier défi est relevé !

Annexes Défi 5
Compréhension de l'histoire

Titres
Options A / B / C

Choisis le titre le plus adapté au passage que tu as entendu.

1. Une étrange explosion.
2. Rien ne va plus sur la colline.
3. Tout est bien qui finit bien.
4. Les couleurs retrouvées… ou presque.
5. Un village multicolore.

Annexes Défi 5
Défi

Œuvres

Meules, fin de l'été, 1890,
Claude Monet (1840-1926),
MUSÉE D'ORSAY, PARIS

La Montagnes Sainte-Victoire vue des Lauves, 1902 – 1906,
Paul Cézanne (1839-1906),
KANSAS CITY (MISSOURI),
THE NELSON- ATKINS MUSEUM OF ART

L'Estaque,
Georges Braque (1882-1963),
MUSÉE DE L'ANNONCIADE, SAINT-TROPEZ

Hyde Park, 1904 – 1906,
André Derain, (1880-1954),
MUSÉE D'ART MODERNE, TROYES

Documents à télécharger en format A4 sur Lea.fr

Annexes Défi 5
Défi

Œuvres

La Route de Versailles à Louveciennes, effet de neige (1869), Camille Pissarro, Jacob Abraham Pissarro, dit (1830-1903), THE WALTERS ART GALLERY, DÉPÔT DE LA COLLECTION GEORGES A. LUCAS, MARYLOND, INSTITUTE, COLLEGE OF ART, BALTIMORE

La Jetée du Havre par mauvais temps, (1867 – 1868), Claude Monet (1840-1926), COLLECTION GABRIEL SABET, GENÈVE

Nuit étoilée (1889), Vincent Van Gogh (1853-1890), LEGS DE LILLIE P. BLISS, THE MUSEUM OF MODERN ART, NEW YORK

La nuit étoilée (1888), Vincent Van Gogh (1853-1890), MUSÉE D'ORSAY, PARIS

Documents à télécharger en format A4 sur Lea.fr

Annexes Défi 5
Défi

Paysage sans couleur

Documents à télécharger en format A4 sur Lea.fr

ÉPISODE 6
TOUTES LES COULEURS ONT RÉAPPARU

1 SÉQUENCE

★ Compréhension de l'histoire

Compréhension de l'histoire

Épisode 6 : toutes les couleurs ont réapparu

Lors du 5e épisode, les élèves ont dû recolorer le paysage en choisissant entre deux options : paysage diurne (par beau temps ou par mauvais temps), paysage nocturne. Deux séances de compréhension sont donc proposées : des séances courtes qui ouvrent sur deux débats interprétatifs, et qui viennent clore les aventures d'Edgar… pour cette fois-ci !

Texte de l'épisode 5 > Scénario A : Paysage de jour

Oooh… Quel joli paysage ! On a vraiment envie de s'y promener !
« Tiens, on dirait bien qu'une petite trappe est cachée là et que l'on peut passer. Essayons. » Tu es bien curieux, Edgar ! »
Oh ! Mais te voilà de retour ! Tu as donc trouvé le passage pour sortir de l'univers de la couleur et revenir au musée. Bravo ! Mais le musée ferme dans cinq minutes, Edgar. Il est temps de partir ! Décidément, on découvre tellement de beaux univers lorsqu'on visite des musées. Parfois ces visites sont plus réelles que d'autres… N'est-ce pas Edgar ?

Objectifs spécifiques

- Comprendre le texte de l'épisode.
- Participer à un débat interprétatif.

***Remarque* : le passage étant court, la séance ne comporte qu'une étape.**

EN AMONT > Introduire le vocabulaire

Rappeler le vocabulaire du musée de l'épisode 1 :

- Un tableau, une toile, une œuvre, un artiste, une salle, une galerie, les beaux-arts, les impressionnistes, les fauvistes, un décor, un univers

Autre :

- Une trappe

COMPRENDRE L'ÉPISODE 6

Dire aux élèves qu'ils vont écouter la fin de l'histoire et qu'ils devront ensuite restituer ce qu'ils en auront compris.

Faire défiler l'histoire jusqu'à la fin.

Questions ouvertes

Demander : « De quoi vous rappelez-vous ? »

Laisser les élèves répondre à l'oral jusqu'à épuisement des propositions.
Demander : « Qu'avons-nous oublié de dire ? »
Laisser les élèves répondre à l'oral jusqu'à épuisement des propositions.
S'assurer que les réponses des élèves témoignent de la bonne compréhension :

- de la manière dont Edgar retourne au musée ;
- de l'endroit où se trouve Edgar à la fin de l'épisode.

Compréhension fine : le pouvoir de l'imaginaire

Relire les dernières phrases de l'histoire :

« On découvre tellement de beaux univers lorsqu'on visite des musées. Parfois ces visites sont plus réelles que d'autres. »

En s'appuyant sur des visites vécues par les élèves ou des œuvres d'art étudiées en classe, décrire quelques univers qui pourraient être évoqués par une œuvre ou un lieu.

Organiser alors un débat interprétatif à partir des questions suivantes :

- Une œuvre d'art peut-elle nous faire voyager, nous transporter dans un autre univers ?
- Comment ?
- Comment qualifier cet autre univers ?
- Peut-on dire que l'univers d'une œuvre est réel ?

Texte de l'épisode 6 > Scénario B : Paysage de nuit

« Un paysage nocturne, je n'y aurais jamais pensé. Votre décor est très chouette, petits aventuriers ! » C'est vrai, les paysages de nuit ont aussi leur charme. « Je vais me poser là et regarder ce ciel, je commence à avoir sommeil. »

« Houhouuuu, Edgar, vite, le musée va bientôt fermer, il faut rentrer maintenant. »

« Mais je suis si bien ici, j'aimerais m'endormir ici sous les étoiles ! Laisse-moi. » Edgar ferme alors les yeux.

Quand Edgar ouvre les yeux, il est de retour dans le musée qui est en train de fermer ses portes. « Mais ai-je rêvé ou était-ce bien réel ? » Edgar est perdu alors qu'il quitte le musée. Rêve ou réalité, peu importe tant que le voyage est beau.

Objectifs spécifiques

- ★ Comprendre le texte de l'épisode.
- ★ Participer à un débat interprétatif.

<u>Remarque</u> : le passage étant court, la séance ne comporte qu'une étape.

EN AMONT > introduire le vocabulaire

Rappeler le vocabulaire du musée de l'épisode 1 :

- Un tableau, une toile, une œuvre, un artiste, une salle, une galerie, les beaux-arts, les impressionnistes, les fauvistes, un décor, un univers

Autre :

- Nocturne

COMPRENDRE L'ÉPISODE 6

<u>Remarque</u> : le passage étant court, la séance ne comporte qu'une étape.

Dire aux élèves qu'ils vont écouter la fin de l'histoire et qu'ils devront ensuite restituer ce qu'ils en auront compris.

Faire défiler l'histoire jusqu'à la fin.

Questions ouvertes

Demander : « De quoi vous rappelez-vous ? »
Laisser les élèves répondre à l'oral jusqu'à épuisement des propositions.
Demander : « Qu'avons-nous oublié de dire ? »
Laisser les élèves répondre à l'oral jusqu'à épuisement des propositions.
S'assurer que les réponses des élèves témoignent de la bonne compréhension :

- de la manière dont Edgar retourne au musée ;
- de l'endroit où se trouve Edgar à la fin de l'épisode.

Compréhension fine : le pouvoir de l'imaginaire

Relire la dernière phrase de l'histoire :

« Rêve ou réalité, peu importe tant que le voyage est beau. »

En s'appuyant sur des visites vécues par les élèves ou des œuvres d'art étudiées en classe, décrire en quoi une œuvre peut sublimer la réalité ou représenter l'imaginaire d'un artiste.

Organiser alors un débat interprétatif à partir des questions suivantes :

- Une œuvre d'art peut-elle nous faire voyager, nous transporter dans un autre univers ?
- Comment ?
- Une œuvre d'art peut-elle nous faire rêver ?
- Le rêve, le voyage imaginaire est-il toujours plus beau que la réalité ?
- Faut-il vivre ses rêves ?

CRÉDITS

Œuvres

Page : 34 (ht) et 21 et 108 : BIS / © Archives Larbor ; 34 (bas) et 22 et 110 : BIS / © Archives Larbor ; 35 (ht) et 22 et 112 (htd) : BIS / Ph. Chevallier - Archives Larbor , André Derain © Adagp, Paris 2023 ; 35 bas et 23 et 112 (htg): BIS / Ph. Jeanbor © Archives Bordas, Georges Braque © ADAGP, Paris 2023 ; 37 ht et 31 : LA COLLECTION / © Artothek ; 112 bas d : BIS / © Archives Larbor ; 112 bas g : BIS / © Archives Larbor ; 113 d : BIS / Ph. Archives Larbor ; 113 g : BIS / Ph. © The Museum of Modern Art, New York

Illustrations Adobe Stocks

Page : 58 Primus44 ; 57 asantosg 87 essorreuse / dudek, fouet / Ixepop, bâton / Dario Lo Presti, shaker / mipan ; toupie / Billion Photos.com, clepsydre / roberto ; 95 et 103 kisasage

Illustrations extraites de l'application « La couleur disparue » : avec l'aimable autorisation de Dipongo

Ce livre est imprimé sur du papier issu de forêts gérées durablement.

Impression : Sepec-Numérique - Avril 2023 - N° d'impression : N06601230308
N° éditeur : 10289103
Dépôt légal : Avril 2023